Die schönsten
schönsten

Theater
Klassiker

In Geschichten erzählt

Die schönsten Theater Klassiker

In Geschichten erzählt von
Sylvia Schopf

mit Illustrationen von
Marc-Alexander Schulze

mit einem Vorwort von
Christian Quadflieg

HERDER

FREIBURG · BASEL · WIEN

Inhalt

Vorwort

Wir alle, ich und du und du und Sie, wir alle waren einmal klein. Uns wurde vorgelesen, zuerst Märchen, später Geschichten, und eines Tages haben wir dann selbst gelesen. Wir haben hinter den kleinen schwarzen Buchstaben eine große bunte Welt entdeckt, die unsere Fantasie aufblühen ließ.

Da wurde uns von Menschen erzählt, die ganz unglaubliche Dinge erlebten und die die wundersamsten Taten vollbringen konnten. Wie sehr haben wir uns danach gesehnt, auch einmal solche Abenteuer zu erleben, auch einmal so viel Stärke zu besitzen, dass man nichts und niemanden zu fürchten brauchte!

Eines Tages durften wir dann ins Puppentheater gehen. Da gab es so einen lustigen Kerl, der hieß Kasperle, der war immer schlauer als die anderen und der wusste immer einen Ausweg. Ja, so wollten wir auch sein! Aber Kasperle war leider nur eine Puppe und wir sind doch jetzt auf dem Weg, erwachsen zu werden. Als Erwachsener geht man hin und wieder in ein größeres Gebäude, das heißt zwar auch „Theater", aber dort gibt es keinen Kasperle mehr. Dort stehen richtige Menschen auf der Bühne. Sie sehen genauso aus, wie die Menschen neben uns auf der Straße, manchmal tragen sie aber auch Kostüme aus anderen Zeiten, zum Beispiel Kleider, wie sie die alten Griechen vor zweitausend Jahren getragen haben.

Das Aufregendste aber ist: Die Personen, die da auf der Bühne stehen, dürfen all das tun, was wir in der Wirklichkeit nicht tun dürfen. Auf der Bühne ist alles erlaubt. Da wird gelogen und gestohlen, da wird zerstört und gemordet, da wird gesungen und geliebt und vieles andere mehr. Das würden die Menschen, die dem Spiel zuschauen, auch gern einmal dürfen; immer Gesetze und Vorschriften zu befolgen, ist doch manchmal wirklich langweilig!

Aber natürlich folgt auch auf der Bühne der bösen Tat die Strafe. So schrecklich die Bestrafung auch sein mag, im Theater endet sie spätestens, wenn der letzte Vorhang fällt. Auf der Theaterbühne ist alles Spiel und das macht uns so viel Spaß! Sogar Weinen macht Spaß im Theater, denn über fremdes Leid Tränen zu vergießen, streichelt das Gemüt. Wo man doch weiß, dass spätestens in zwei Stunden der Schmerz verflogen und niemand wirklich zu Schaden gekommen ist.

In „Wie es euch gefällt", einer Komödie des großen William Shakespeare (in diesem Buch werden später zwei seiner Schauspiele beschrieben), sagt ein weiser Mann:

„Die ganze Welt ist eine Bühne,
Und alle Fraun und Männer nichts als Spieler."

Diese Erkenntnis nämlich, dass die ganze Welt Bühne ist, hat Shakespeare seine spannenden Theaterstücke schreiben lassen. Und Friedrich Schiller nennt diese Bühne „die Bretter, die die Welt bedeuten". Dort oben auf den Brettern wird im Kleinen eine Welt geschildert, die so herrlich übersichtlich ist, während unsere wirkliche Welt so schrecklich unübersichtlich und kompliziert ist. Im Theater dürfen uns die verrücktesten Gedanken durch den Kopf schießen, wir müssen keine Konsequenzen welcher Art auch immer befürchten. Diese spielerische Unbeschwertheit lässt das Herz höher schlagen und macht den Kopf frei für frische Gedanken.

„Es fließen ineinander Traum und Wachen,
Wahrheit und Lüge.
Sicherheit ist nirgends.
Wir wissen nichts von anderen, nichts von uns.
Wir spielen immer, wer es weiß, ist klug." (Arthur Schnitzler: „Paracelsus")

Neun Theaterstücke werden in diesem Buch erzählt. Du und du und Sie und Sie werden durch die Erzählung von neun Theaterstücken der Verlockung einfach nicht widerstehen können, ins Theater zu gehen. Und zwar mit „Kind und Kegel", wie man so schön sagt.

Christian Quadflieg

Leonce und Lena

Märchenhaft trauriges Lustspiel von zweien,
die sich finden, ohne sich zu suchen
von Georg Büchner

Es treten auf

KÖNIG PETER vom Reiche Popo

PRINZ LEONCE, sein Sohn

VALERIO, ein Freund des Prinzen

ROSETTA, Geliebte von Prinz Leonce

PRINZESSIN LENA vom Reiche Pipi

ihre GOUVERNANTE

AUSSERDEM: der Hofmeister im Reiche Popo sowie der Präsident des Staatsrates,
der Hofprediger, der Landrat, der Schulmeister, mehrere Bedienstete am Hofe von König Peter,
Bauern, feine Damen und Herren der Hochzeitsgesellschaft

Zeit und Orte

Die Geschehnisse ereignen sich in einer fernen Zeit, da es unzählige
Fürstentümer und Königreiche gibt, die wie das Königreich Popo
und das Königreich Pipi oft so klein sind, dass man sie vom
jeweiligen Schloss gut überblicken kann.

„Was die Leute nicht alles aus Langeweile treiben! Sie studieren aus Langeweile, sie beten aus
Langeweile, sie verlieben, verheiraten und vermehren sich aus Langeweile und sterben endlich an
der Langeweile ..."

LEONCE, 1. Akt, 1. Szene

Ach!", seufzte Prinz Leonce, der auf einer Bank im königlichen Garten zwischen Blumen und Bäumen ruhte. Die Langeweile plagte ihn sehr. Er strich sich die blonden Locken aus dem Gesicht und warf Sand in die Luft, den er mit dem Handrücken wieder auffing. Wie viele Sandkörner mochten dort jetzt liegen? Er wandte sich an den königlichen Hofmeister, der neben ihm stand. Doch der tat, was ihm seine Anstellung gebot: Er schwieg mit allergrößter Höflichkeit und zog sich dann auf Geheiß des Prinzen mit untertänigen Verbeugungen zurück. Leonce versuchte, sich mit allerlei Überlegungen die Zeit zu vertreiben. Wie gerne würde er sich zum Beispiel einmal auf den Kopf schauen können. Oder wie gerne wäre er mal ein anderer … Ach, viele unerfüllte Wünsche dieser Art hatte er! Ein tiefer Seufzer entfuhr dem jungen Prinzen. Er streckte sich der Länge nach auf der Bank aus und blickte, die Arme hinter dem Kopf verschränkt, in den makellos blauen Himmel. Wie enttäuschend war doch die Welt, die ihn umgab! Der Sonnenschein lag faul auf dem Boden, die Bienen saßen träge in den Blumen. Überall herrschte nur Müßiggang und Langeweile. Was taten die Leute nicht alles aus Langeweile! Sie studierten, beteten, verliebten sich und heirateten. Sie bekamen Kinder und am Ende starben sie sogar aus Langeweile.

Leonce wurde aus seinen Gedanken gerissen. Sein Freund Valerio, immer zu Unsinn und verrückten Spielereien aufgelegt, näherte sich mit wankenden Schritten. Hatte Valerio etwa zu sehr dem Alkohol zugesprochen? Gut gelaunt ließ sich der Freund neben der Bank, auf der Leonce lag, ins Gras plumpsen. „Was für ein

Jammer, dass man von keinem Kirchturm herunterspringen kann, ohne sich den Hals zu brechen!", klagte Valerio. Und eben noch todernst, wünschte er sich im nächsten Augenblick nichts mehr, als ein Verrückter im Irrenhaus zu sein. „Obwohl…", Valerio schnellte in die Höhe und blickte zufrieden auf seine Hände. Noch keine Arbeit hatte sie je schmutzig oder gar schwielig gemacht. „Genau genommen bin ich ein Müßiggänger. Ich verfüge über große Fertigkeiten im Nichtstun und eine ungeheure Ausdauer im Faulsein." Valerios Worte versetzten Leonce in eine merkwürdige Begeisterung. Er stand auf und umarmte den Freund. Der stimmte ein Liedchen an und Arm in Arm verließen die beiden den Garten.

Derweil bemühten sich im Schloss zwei Kammerdiener, König Peter anzukleiden. Aber es war gar nicht so einfach, ihm das königliche Hemd, das Wams, die Hose, die Socken anzuziehen, denn seine Majestät war viel zu beschäftigt mit seinen Gedanken über das Denken. Mit nichts bekleidet als der Unterwäsche lief der König rastlos von einer Zimmerecke in die andere. Denken! Das war doch eine der wichtigsten königlichen Aufgaben. Er, König Peter, musste für seine Untertanen denken! Denn natürlich verfügte das gemeine Volk nicht über derartige Fähigkeiten.

„Wie bitte?", der König wandte sich irritiert an seinen ersten Kammerdiener, dem es endlich gelungen war, sich bemerkbar zu machen. Der Diener deutete auf das Schnupftuch, das sich der König zur Erinnerung ins Knopfloch gesteckt hatte. Aber, woran nur wollte sich der König erinnern?

Des Rätsels Lösung nahte. Ein weiterer Diener betrat das königliche Schlafgemach, verbeugte sich untertänig und meldete: „Eure Majestät! Der Staatsrat ist versammelt."

Ein erleichtertes Lächeln machte sich auf König Peters Gesicht breit. „Ja, das ist es", rief er freudig. „Ich wollte mich an mein Volk erinnern!" Rasch kleidete er sich nun an und machte sich mit seinem Gefolge auf den Weg zum Staatsrat, dem er heute eine wichtige Nachricht zu verkünden hatte. „Meine Herren! Morgen wird die Hochzeit meines Sohnes Leonce mit Prinzessin Lena aus dem Nachbarreich Pipi stattfinden." Das war's auch schon. Mehr gab es nicht zu sagen und die Sitzung war beendet.

Leonce, der nichts vom Beschluss seines Vaters wusste, hatte es sich auf seinem Bett zwischen Kissen und Decken gemütlich gemacht und erwartete Rosetta, seine Geliebte. Wie von ihm angeordnet, war der Raum festlich geschmückt, entfernt war liebliche Musik zu hören und unzählige Kerzen verbreiteten ein verführerisch

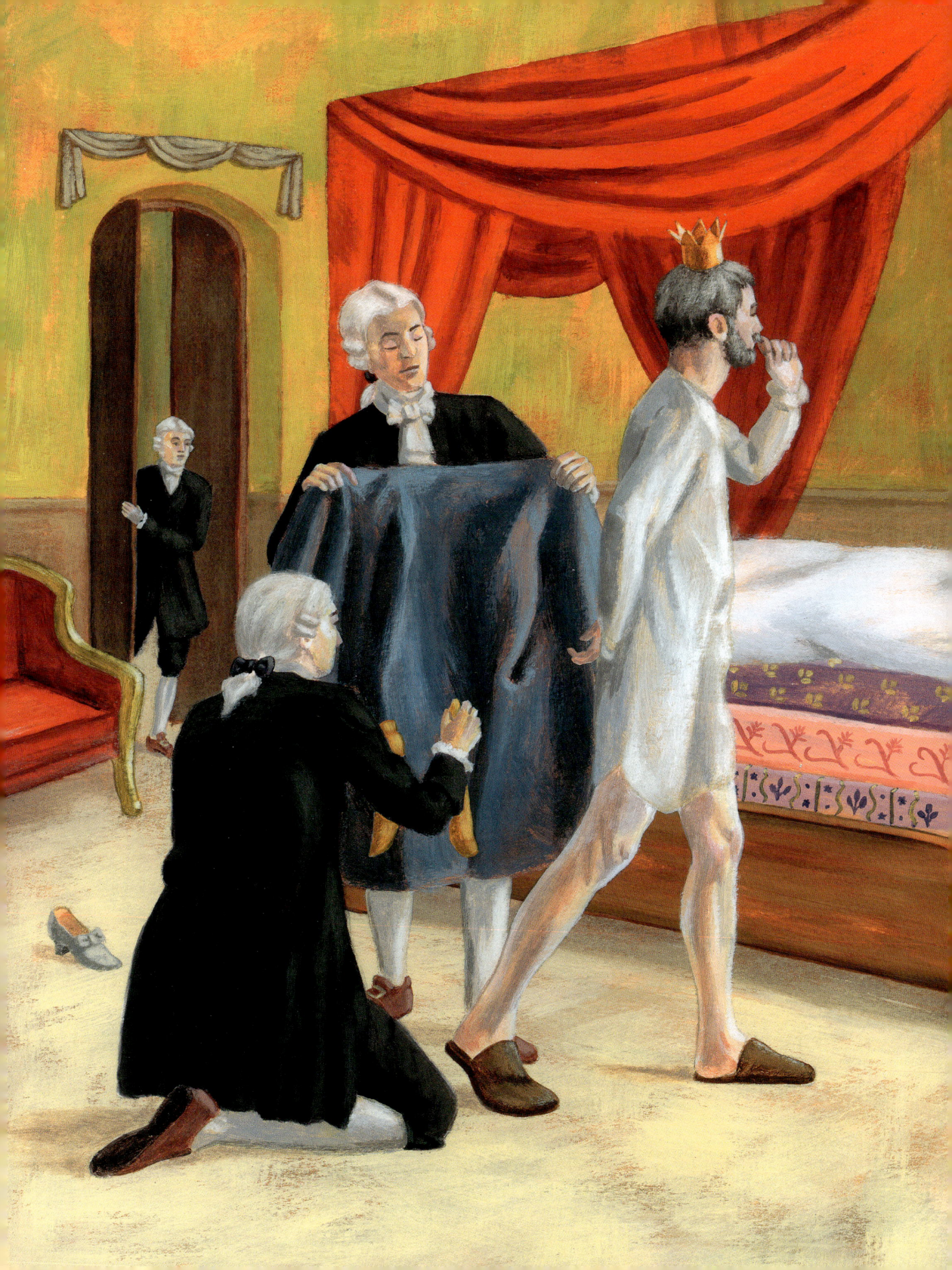

flackerndes Licht. Da betrat Rosetta, leicht wie eine Feder, den Raum. Schön war sie anzusehen, liebreizend ihre Gestalt, hübsch ihr Liebesgeflüster, ihr Tanz und ihr Gesang. Doch nichts davon konnte Leonces tief sitzende Langeweile vertreiben und enttäuscht zog sich Rosetta zurück. Sogleich war Freund Valerio zur Stelle, um Leonce mit verrückten Reden zu unterhalten und herauszufordern. „Na warte, dafür bekommst du von mir Prügel", drohte Leonce im Scherz. Er ging auf den Freund zu, stolperte und fiel hin. Verdattert saß er auf dem Boden, als der Präsident des Staatsrates den Raum betrat. Der große, stattliche Mann brachte vor lauter Aufregung kein Wort heraus. Nervös knetete er seine unförmigen Finger. Wie sollte er bloß dem Prinzen den königlichen Beschluss von der morgigen Heirat beibringen? Dank eines Notizzettels fielen ihm schließlich die richtigen Worte ein. „Und", sagte er abschließend, „mit der Hochzeit wird König Peter die Staatsgeschäfte in Eure Hände legen." Der Staatspräsident verabschiedete sich.

Kaum hatte sich die Tür wieder geschlossen, brach Valerio in schallendes Gelächter aus. „Ihr sollt König werden! Was für eine lustige Sache!", rief er. „Welche Streiche und tolldreisten Spielereien lassen sich da veranstalten." Leonce aber war ganz und gar nicht begeistert. Er wollte nicht König werden. „Wie wär's mit Held? Oder Genie?", schlug Valerio vor. Leonce schüttelte entschieden den Kopf. Aber was sollte er dann werden? Plötzlich meinte er, eine romantische Sehnsucht für den Süden zu verspüren. „Auf nach Italien!", rief er begeistert und noch in derselben Stunde machten sich Leonce und Valerio auf den Weg nach Süden.

Etwa zur gleichen Zeit saß, nicht weit entfernt im benachbarten Königreich Pipi, ein junges Mädchen mit ihrer Gouvernante im Schlossgarten. Prinzessin Lena trug bereits ihr Brautkleid und war verzweifelt. Auf keinen Fall wollte sie mit einem Mann verheiratet werden, den sie nicht liebte. Was gab es Höheres und Schöneres als echtes Liebesglück! Die Gouvernante hatte Verständnis für Lena und wusste Rat.

Nach einem halben Tag hatten Leonce und sein Freund auf dem Weg nach Italien bereits ein Dutzend Fürstentümer, ein halbes Dutzend Großherzogtümer und ein paar Königreiche durchquert. Jetzt zogen sie etwas erschöpft an einem großen, abgeernteten Feld vorüber, als Valerio auf einer Anhöhe ein Wirtshaus entdeckte. „Wie wär's mit einer kleinen Rast", schlug er vor, da er schwer an seinem Gepäck schleppte. Leonce war einverstanden. Die Freunde beschleunigten ihre Schritte.

Kaum waren die beiden hinter einer Wegbiegung verschwunden, tauchten in der Ferne zwei Frauengestalten auf. Prinzessin Lena und ihre Gouvernante. Ratlos blieb die Gouvernante stehen und hielt Ausschau. Ja gab es denn nirgends ein Kloster? Einen Schäfer oder Eremiten? Davon erzählten doch immer die Geschichten in den Büchern. Aber offenbar sah die Welt jenseits der Bücher und jenseits der königlichen Schlossmauern anders aus. So oder so, es wurde bereits dunkel und sie mussten eine Unterkunft finden. Die beiden setzten ihren Weg fort, der sie geradewegs zum Wirtshaus auf der Anhöhe führte.

Dort hatten es sich Leonce und Valerio bereits gemütlich gemacht. Sie saßen im Garten des Lokals und blickten auf die weite Landschaft, durch die sich ein Fluss schlängelte. Da betraten eine Frau mit einer ungewöhnlich langen Nase und ein junges Mädchen in einem duftig weißen Kleid den Garten. „Oh! Was für eine Nase. Oder besser gesagt Rüssel", spottete Valerio lauthals und schon entspannte sich ein Rededuell zwischen ihm und der Gouvernante. Das wiederum regte Leonce zu träumerischen Betrachtungen an. „Führwahr, jeder Weg ist lang, lang ist jeder Weg für müde Füße", sinnierte er, und Prinzessin Lena, die neben ihrer Gouvernante stand, lauschte andächtig und tief beeindruckt seinen Worten.

Als sie später im Zimmer des Wirtshauses müde auf dem Bett lag, dachte sie noch immer an den jungen Mann. „Trotz seiner blonden Locken sah er schon so erschreckend alt aus. Den Frühling auf den Wangen und den Winter im Herzen. Das ist traurig", murmelte sie. Kurz darauf schlüpfte sie aus dem Bett. Hinaus! Sie musste hinaus aus der bedrückenden Enge des Zimmers. Hinaus an die frische Luft! Hinunter in den Garten! Der war in ein milchiges Mondlicht getaucht und Lena ließ sich auf der Wiese am Fluss nieder. Plötzlich ertönte eine Stimme aus der Dunkelheit: „Steh auf und folge mir!"

Lena war verwirrt. Sie hatte niemanden im Garten gesehen. „Wer bist du?", erkundigte sie sich vorsichtig.

„Lass mich dein Traum sein, dein seliger Traum und Todesengel", antwortete die Stimme aus der Dunkelheit und dann stand er vor ihr: Leonce. Er küsste Lena und gestand ihr seine Liebe. Die Prinzessin war so überrascht, dass sie aufsprang und davonlief. Leonce blieb enttäuscht zurück und Verzweiflung, große Verzweiflung packte ihn. Nur im letzten, im allerletzten Augenblick konnte Valerio, der sich hinter einem Busch versteckt hatte, Leonce davon abhalten, sich aus Liebeskummer in den Fluss zu stürzen.

Bei Tageslicht betrachtet, ändern sich die Dinge manchmal und so war Leonce am nächsten Morgen überzeugt, dass die schöne Unbekannte seine Liebe erwiderte. Er beschloss, mit ihr an den Hof seines Vaters zurückzukehren und sie dann zu heiraten.

„Moment, einen Augenblick noch! Was ist es Euch wert, dass ich Euch gestern Abend das Leben gerettet habe?", erkundigte sich Valerio. „Wie wär's mit einem Posten als Minister, wenn Ihr König seid?", schlug er vor.

„Versprochen!", erwiderte Leonce und machte sich dann auf den Weg zu der schönen Unbekannten, in die er sich verliebt hatte. Die Prinzessin willigte sofort ein mitzukommen und schon zogen Leonce und Lena, begleitet von Valerio und der Gouvernante, los Richtung Königreich Popo.

Im Schloss und im ganzen Reich von König Peter herrschte schon seit dem frühen Morgen große Aufregung. Vor dem Schloss hatte sich eine Schar ordentlich gewaschener und gekämmter Bauern versammelt. Erwartungsvoll standen sie da in ihren Sonntagsanzügen, deren besondere Zierde eine Vielzahl von Mottenlöchern war. Der Schulmeister bemühte sich, den Bauern die Begrüßung für das Hochzeitspaar beizubringen. „Vi-vat" wiederholte er immer wieder und das klang nach „Wie watt". Aber es war ein lateinischer Willkommensgruß, und diesen dem einfachen Volk zu lehren, ist gar nicht so einfach!

Auch im Festsaal liefen die Vorbereitungen für die Hochzeitsfeier auf Hochtouren. Schon seit Stunden standen die feinen Herrschaften – Damen und Herren in edlen Gewändern – ordentlich gruppiert im Festsaal herum und harrten der Ereignisse, die nicht kommen wollten. Allmählich bröckelte der schöne Putz: Locken und Schleifen verrutschten, Schminke und Puder verliefen – die mühsam hergerichtete Pracht schmolz wie Butter in der Sonne, als König Peter und sein Gefolge sichtlich aufge-

regt den Festsaal betraten. Obwohl mehrere Diener wie befohlen die Staatsgrenzen des Königreiches vom Fenster des Festsaales aus bewachten, gab es keine Spur vom verschwundenen Prinzen; und auch die Braut war unauffindbar. Wie aber sollte man zwei miteinander verheiraten, die nicht da waren? Ein wahrlich unlösbares Problem für König Peter und den Präsidenten des Staatsrates. Und was für eine Blamage!

Da meldete sich einer der Bediensteten, der zur Überwachung der Grenzen am Fenster des Festsaales stand: „Soeben haben vier merkwürdige Gestalten das Königreich erreicht und nähern sich dem Schloss."

Kurz darauf betraten vier verkleidete Menschen den Festsaal. Es waren Leonce und Lena, die Gouvernante und Valerio. Sie trugen Masken vor den Gesichtern und Valerio gab sich als Verkäufer aus. Er pries dem königlichen Hof seine zwei weltberühmten Automaten an: „Hoch verehrte Gesellschaft! Einzigartig, was ich Ihnen zu bieten habe: ein Weibchen und ein Männchen." Er deutete auf Leonce und Lena. „Sie sind nicht nur vollkommen gearbeitet und haben große Lebensdauer, sondern sie sprechen auch ein vorzügliches Hochdeutsch. Außerdem…", Valerio machte eine bedeutungsvolle Pause, bevor er fortfuhr, „außerdem zeichnen sich diese beiden Automaten durch hohe Bildung und ein gewissenhaftes Verhalten aus."

Der König war sofort begeistert. „Das ist es", jubelte er, „das ist die Lösung. Anstelle von Prinz Leonce und Prinzessin Lena werden wir die beiden Automaten verheiraten." König Peter ließ sofort den Hofprediger holen und ehe man sich's versehen hatte, war die Hochzeitszeremonie vollzogen.

Doch dann warteten noch einige Überraschungen auf die versammelte Gesellschaft. Denn als der Bräutigam seine Maske absetzte, kam sein wahres Gesicht zum Vorschein. „Leonce!", riefen die Gäste überrascht.

Als daraufhin die Gouvernante die Maske vom Gesicht der jungen Frau nahm und stolz verkündete: „Prinzessin Lena aus dem Königreich Pipi", war es am Prinzen, überrascht zu sein. „Du bist Prinzessin Lena?", fragte Leonce ungläubig. War die schöne Namenlose, die er gerade geheiratet hatte, tatsächlich diejenige, vor der er geflohen war?

Valerio konnte sich vor Lachen nicht halten, während der König und die Gouvernante vor Rührung nichts zu sagen wussten. Und Leonce und Lena? Sie ergaben sich ihrem Schicksal. Sie würden von nun an als König und Königin über das Reich Popo herrschen und alles würde sein wie bisher. Valerio in seiner neuen Funktion als Staatsminister plante sofort, ein Gesetz zu erlassen, das alle allzu großen Anstrengungen bei der Arbeit verbot. Stattdessen war paradiesisches Nichtstun angesagt. Außerdem wollte man Gott um gutes Essen, Musik, wohlgestaltete Körper und eine möglichst bequeme Religion bitten. „Und *morgen fangen wir in aller Ruhe und Gemütlichkeit den Spaß noch einmal von vorne an*", verkündete Leonce abschließend.

„Wir lassen alle Uhren zerschlagen,
alle Kalender verbieten und zählen Stunden und Monden nur nach der Blumenuhr."

LEONCE, 3. Akt, 3. Szene

Faust – erster Teil

Tragische Geschichte um Wissensdrang und Lebenslust
von Johann Wolfgang Goethe

Es treten auf

DR. HEINRICH FAUSTUS

MEPHISTO, der Teufel

MARGARETE, genannt Gretchen, ein junges Mädchen

MARTHE SCHWERTLEIN, Nachbarin von Gretchen

VALENTIN, Gretchens Bruder

WAGNER, Bediensteter von Faust

Allerlei Hexen und Geister

Ort und Zeit
Deutschland: Leipzig und der Harz um 1500,
als das Mittelalter zu Ende ging und eine neue Zeit anbrach.

„Da steh ich nun, ich armer Tor!
Und bin so klug als wie zuvor (...)
Und sehe, dass wir nichts wissen können!
Das will mir schier das Herz verbrennen."

FAUST, 1. Teil, „Nacht"

Wetten, dass es mir gelingt, einen klugen Gelehrten wie den Doktor Faustus zum Bösen zu verführen!", hatte Mephisto zu Gott gesagt und ihn dabei herausfordernd angeschaut. Doch Gott hatte Vertrauen in die Menschen. Er war überzeugt, dass sie letzten Endes doch den rechten Weg kannten, und so ließ er Mephisto gewähren. Der machte sich sofort siegesgewiss auf den Weg zur Erde.

✳ ✳ ✳

Es war schon weit nach Mitternacht, die Stadt lag still und düster, nur im Haus des Wissenschaftlers Doktor Faustus brannte noch Licht. Flackernde Fackeln warfen in der Studierstube gespenstische Schatten auf die Wände und die mit Büchern vollgestopften Regale. Der Gelehrte saß verzagt an seinem Schreibtisch. Schwere Gedanken quälten ihn. Wie lange schon studierte er! Und was hatte er nicht alles studiert! Philosophie und Juristerei, Medizin und Theologie. Aber sein Wissen war noch immer unzureichend. „Nichts sehnlicher wünsche ich mir, als *dass ich erkenne, was die Welt im Innersten zusammenhält*", seufzte Faust und schaute hinaus in die dunkle Nacht. Vielleicht sollte er einmal mit Magie versuchen, der Welt ihre Geheimnisse zu entreißen. Schließlich griff er nach einem dicken, alten Buch, vertiefte sich in die Anweisungen und beschwor mit einer Zauberformel die magische Kraft der Erde. Und tatsächlich! Aus der lodernden Kerzenflamme, die vor ihm auf dem Schreibpult stand, erschien der Erdgeist. Er war ein mürrischer und unfreundlicher Geselle, der Faust mit seinem Anliegen sofort überheblich zurückwies.

Der Wissbegierige war enttäuscht. Die Magie würde ihm also auch nicht weiterhelfen. Alles erschien ihm so sinnlos: das Lesen, das Studieren, ja das ganze Leben. Verzweiflung packte den Gelehrten und in seiner Not griff er nach

einem Fläschchen Gift, das er zwischen den Büchern aufbewahrte. Als er zum Trinken ansetzte, hörte er von draußen hellen, engelsgleichen Gesang und Glockengeläute. Da war es ihm, als erwachte er aus einem bösen Traum. Es waren die Osterglocken, die vom nahen Dom zu ihm herüberschallten. Andächtig lauschte er dem feierlichen Gesang. Erinnerungen an schöne Kinderzeiten tauchten auf und dem Gelehrten stiegen vor Rührung Tränen in die Augen. „*Die Erde hat mich wieder*", rief er freudig und schob entschieden das Gift beiseite.

Am Nachmittag machte sich Faust mit seinem Diener Wagner auf zu einem Osterspaziergang. Gut gelaunt zogen sie zum Stadttor hinaus in die Natur, die gerade aus dem Winterschlaf erwacht war. Überall begann es zu grünen und zu blühen. Viele Leute waren unterwegs und immer wieder nickte man ihm freundlich zu, denn er war ein angesehener Arzt und Gelehrter in der Stadt. Auf der Wiese und im Schatten von Bäumen hatten sich Menschen gemütlich niedergelassen und feierten. Sie musizierten, tanzten und sangen. Nachdenklich betrachtete Faust das muntere Treiben. „*Zwei Seelen wohnen, ach, in meiner Brust!*", seufzte er. Wie gerne würde er auch ausgelassen das Leben genießen. Aber unbändig war sein Drang, die Welt zu erkennen, und so studierte und studierte er und verbrachte die Zeit mit Büchern.

Die beiden Männer spazierten noch eine Weile weiter und als es dämmerte, machten sie sich auf den Heimweg. Kurz bevor sie das Stadttor erreichten, fiel Faust ein merkwürdiger schwarzer Hund auf. „Siehst du das Tier hinter uns?", fragte er seinen Begleiter.

„Ihr meint den schwarzen Pudel?", antwortete Wagner, ohne sich umzuschauen. „Der folgt uns schon eine ganze Weile."

„Mir scheint, als ob er einen Feuerschweif hinter sich herzieht." Beunruhigt blickte sich Faust nochmals nach dem Hund um.

„Also, ich seh nichts als einen ganz normalen schwarzen Pudel", entgegnete Wagner und blieb stehen. „Schaut doch nur, wie er mit dem Schwanz wedelt und sich Euch zu Füßen wirft. Das ist ein typisch hündisches Verhalten!"

In der Tat, der Pudel verhielt sich, wie es seiner Art entsprach, und Faust war erleichtert. Die beiden Männer setzten ihren Weg fort und der Hund folgte ihnen. Er begleitete Faust bis ins Hause, ja sogar bis in die Studierstube. „Na meinetwegen", brummte Faust. „Du kannst hierbleiben. Hast scheinbar keinen Herrn." Der Gelehrte setzte sich an den Schreibtisch und schlug ein Buch auf. Doch er kam nicht zum Arbeiten. Unruhig lief der Pudel im Zimmer umher und knurrte leise. Mit einem Male war es Faust, als würde der Schatten des Hundes seine Gestalt verändern. Er wurde riesengroß und sah aus wie ein Nilpferd. Keine Frage, dieser Pudel war kein normaler Hund. Als Faust ihn mit magischen Sprüchen zu bannen versuchte, füllte sich das Zimmer plötzlich mit dicken Nebelschwaden und aus dem Dunst trat eine schwarz gekleidete Männergestalt hervor.

„*Das also war des Pudels Kern!*", stellte Faust amüsiert fest und betrachtete den Mann. „Und wer seid Ihr?", erkundigte er sich.

„Ein Student auf Reisen", behauptete der Fremde.

„Soso", schmunzelte Faust. „Und wer seid Ihr wirklich?"

„Ich bin der Neinsager. *Ein Teil von jener Kraft, die stets das Böse will und stets das Gute schafft*", erklärte der rätselhafte Mann. Es war kein anderer als Mephisto höchstpersönlich, der Faust herausfordernd anschaute. „Ich weiß, was dir fehlt. Was dich bedrückt. Es sind die Freuden des Lebens, die du vermisst: Abenteuer, Spaß und Genuss, Kuss und Lust. Und die Liebe!", frohlockte Mephisto. „Hör zu", raunte er. „*Ich gebe dir, was noch kein Mensch gesehn.* Und du wirst endlich erfahren, was es heißt zu leben, das Leben in vollen Zügen zu genießen. Ich bin dir zu Diensten, was immer du wünschst."

„Das hört sich teuflisch gut an", erwiderte Faust vergnügt. „Vernunft und Wissenschaft haben bisher meinen Erkenntnisdrang nicht erfüllen können. Warum sollte ich es nicht mal mit dem Leben probieren?" Er rückte seine Brille zurecht und strich sich gedankenverloren über seinen Bart. „Gut!", sagte er schließlich. „Gelingt es dir und *werd ich zum Augenblick sagen: Verweile doch! Du bist so schön!*, dann hast du gewonnen. Dann bin ich dein. Dann diene ich dir, Teufelskerl, und meine Zeit auf Erden ist um."

„*Topp!* Die Wette gilt", antwortete Mephisto und grinste zufrieden. „Lasst uns gleich mit dem neuen Dasein beginnen! Tauchen wir ein ins fröhliche Leben! Ich kenne ein Wirtshaus, in dem geht es munter zu. Also, auf in Auerbachs Keller! Nimm Platz!" Mephisto breitete seinen Umhang auf dem Boden aus und Faust ließ sich darauf nieder. Lautlos erhoben sie sich in die Lüfte und in Windeseile hatten sie ihr Ziel erreicht. Sie standen in einer engen Gasse der Stadt direkt am Eingang des Lokals. „Hier wirst du erleben, was es heißt, unbeschwert und ausgelassen zu leben!", versprach Mephisto seinem Begleiter und dann betraten sie die Wirtsstube. Lautes Grölen und Singen empfing die beiden Männer. Sie setzten sich zu vier jungen Burschen, die schon reichlich Wein getrunken hatten und unanständige Lieder sangen. Derbe Witze machten die Runde und die Trunkenbolde staunten nicht schlecht, als Mephisto jedem seinen Lieblingswein aus der Tischplatte fließen ließ. Ohne große Begeisterung beobachtete Faust die Geschehnisse. „Also, wenn es das ist, womit du mich überzeugen willst …" Er schüttelte angewidert den Kopf.

„Das war nur ein erster Versuch", beschwichtigte ihn Mephisto. „Du wirst sehen, die nächste Station unseres Ausflugs ist ganz nach deinem Geschmack." Die beiden verließen die Wirtsstube, stiegen erneut mit Mephistos Umhang in die Lüfte und flogen durch die schwarze Nacht zu einem abgelegenen Haus im Wald.

„Hier wird es dir gefallen!" Ein listig-lüsternes Lächeln huschte über Mephistos Gesicht, dann betraten sie einen düsteren Raum, in dem geheimnisvolle Dämpfe und Nebel waberten. Erst nach einer kleinen Weile erkannte Faust, dass sie sich in einer Küche befanden, die angefüllt war mit Spinnweben und allerlei seltsamen Gerätschaften. Über einem Herdfeuer hing ein großer Kessel, in dem es brodelte und blubberte. Eine Meerkatze hockte auf dem Topfrand und rührte gleichgültig in einem Sud. Neben ihr wärmte sich der Meerkater am Feuer und die jungen Meerkatzen spielten in einer Ecke vergnügt mit einer Weltkugel. Als wäre er zu Hause, ließ sich Mephisto in einen alten Lehnstuhl fallen, während Faust neugierig auf einen Spiegel zuging. Was er dort sah, nahm sofort seine ganze Aufmerksamkeit in Beschlag. Er konnte gar nicht genug bekommen von der wunderschönen Frau, die ihm aus dem Spiegel entgegenblickte. Ja, genau so eine wollte er haben!

Ein Brausen und Poltern holte Faust aus seiner Verzückung. Als er sich umdrehte, sah er eine wild dreinblickende Gestalt mit feuerroten Haaren, die gerade einer

Rauchwolke entstieg. Zornig funkelte sie die beiden Fremden an: „Wer seid Ihr? Was wollt Ihr?"

„Ei, erkennst du deinen Herrn und Meister nicht mehr", knurrte Mephisto ärgerlich.

Die Frau erschrak. „Oh verzeiht! Aber wo sind Euer Pferdefuß und die Hörner? Und die Raben, die Euch sonst begleiten?"

„Nun, auch unsereiner geht mit der Zeit, geht mit den Moden." Mephisto fuhr sich mit den Fingern durch die Haare, sodass sie keck nach oben standen. „Doch kommen wir zur Sache. Mein Freund hier", er deutete auf Faust, „braucht einen ordentlichen Schluck von deinem Verjüngungstrunk. Das stünde ihm gut zu Gesicht, nicht wahr?" Mephistos teuflischer Blick war auf den grauen Bart und das schüttere Haar von Faust gerichtet.

„Wie Ihr wünscht", säuselte die wilde Frau bereitwillig. Schon hatte sie einen weißen Kreidekreis um Faust gezogen und reichte ihm eine Schale mit einem dunklen Gebräu. „Trink!", forderte sie den erstaunten Gelehrten auf. Die Töpfe in den Regalen begannen zu klappern, Gläser klirrten und die Hexe raunte:

„Aus eins mach zehn,
und zwei lass gehen,
und drei mach gleich,
so bist du reich.
Verlier die Vier!
Aus fünf und sechs,
so sagt die Hex,
mach sieben und acht,
so ist's vollbracht:
Und neun ist eins
und zehn ist keins.
Das ist das Hexeneinmaleins!"

Im Handumdrehen war der magische Kreis, den die Hexe um Faust gezogen hatte, ausgewischt und mitten im Raum stand ein um viele Jahre verjüngter Mann.

Mephisto stieß einen anerkennenden Pfiff aus. „Jetzt nichts wie fort, damit dir der Wunsch nach einer schönen Frau erfüllt wird."

Wenig später schon waren Faust und Mephisto wieder in der Stadt und schlenderten über den Domplatz. Der Gottesdienst war gerade zu Ende und die Menschen

strömten aus der Kirche. Da fiel Fausts Blick auf ein junges Mädchen, das noch ganz in Andacht versunken war. Sie gefiel ihm auf Anhieb und so sprach er sie an: *„Mein schönes Fräulein, darf ich wagen, meinen Arm und Geleit ihr anzutragen?"*

Das Mädchen schaute ihn verwirrt an und errötete. *„Bin weder Fräulein, weder schön, kann ungeleitet nach Hause gehn"*, erwiderte sie und ging rasch weiter.

Faust schaute verzückt der anmutigen Gestalt hinterher, bis sie nicht mehr zu sehen war. „Die muss ich haben! Die oder keine! Du musst ein Treffen mit ihr bewirken. Noch heute", forderte Faust von seinem teuflischen Begleiter. „Ich muss sie wiedersehen!"

„Leichter gesagt als getan", seufzte Mephisto. „Das Mädchen, das du begehrst, ist ein unschuldiges und gottesfürchtiges Ding. Über die hat unsereiner keine Gewalt."

„Wofür habe ich einen wie dich an meiner Seite", erwiderte Faust schroff und erinnerte ihn an die getroffene Vereinbarung.

„Schon gut, schon gut", beschwichtigte ihn Mephisto. „Will sehen, was ich tun kann. Fürs Erste musst du dich jedoch mit einem Blick in ihre Schlafkammer begnügen."

Kaum hatte das junge Mädchen am frühen Abend ihr Zimmer verlassen, um die Nachbarin zu besuchen, führte Mephisto den verliebten Faust in die Stube des Mädchens. Gerührt betrachtete er das ordentlich aufgeräumte Zimmer und malte sich ein Wiedersehen mit der Angebeteten aus.

„Du musst noch etwas Geduld haben! Mit so einem unschuldigen Ding dauert's!", erklärte Mephisto und spitzte die Ohren. „Sie kommt zurück. Wir müssen fort!" Energisch schob er den liebestrunkenen Faust aus dem Zimmer.

Es sollte eine Weile dauern, bis Fausts Wunsch in Erfüllung ging und Mephisto ein Zusammentreffen mit der Angebeteten listig eingefädelt hatte. Es war ein lau-

schiger Sommerabend, und Mephisto, der sich mit Marthe Schwertlein, der Nachbarin des jungen Mädchens, angefreundet hatte, besuchte diese zusammen mit Faust. Wie erhofft, war auch das junge Mädchen gerade anwesend und während Mephisto Marthe Schwertlein mit teuflischem Charme umgarnte, spazierte Faust mit dem jungen Mädchen durch den Garten. Er erfuhr, dass sie Margarete hieß und von allen Gretchen genannt wurde. Anfangs war sie schüchtern und wagte nicht, den fremden Mann anzusehen. Doch allmählich fasste sie Zutrauen und erzählte von sich und ihrer Familie. Faust lauschte beglückt, ja fast andächtig. Einmal blieb sie an einem Beet mit Sternblumen stehen, pflückte eine Blume und zupfte im Weitergehen zärtlich ein Blütenblatt nach dem anderen ab. Dabei murmelte sie: „*Er liebt mich – liebt mich nicht – liebt mich …*" Mit den Worten „Er liebt mich" fiel auch das letzte Blatt zu Boden.

Da nahm Faust gerührt ihre Hände. „Ja, er liebt dich", sagte er voller Inbrunst und schaute ihr tief in die Augen. Gretchen hielt es vor Glück nicht aus. Sie riss sich los und sprang übermütig wie ein junges Lämmchen davon, um sich im Gartenhaus zu verstecken. Faust folgte ihr und als er sie entdeckte, ließ sie es gerne geschehen, dass er sie umarmte und küsste.

Schon am nächsten Abend spazierten sie wieder Arm in Arm durch den Garten der Nachbarin und Gretchen konnte ihr Glück nicht fassen. Ein so angesehener und kluger Man wie Doktor Faustus machte ihr, einem armen unwissenden Mädchen, den Hof!

Bald darauf trafen sie sich mithilfe von Mephisto heimlich bei Gretchen zu Hause. Das verstieß gegen Anstand und Sitte. Doch Gretchen war verliebt. Blind vor Liebe genoss sie die Stunden, die sie mit Faust verbrachte. Nur Mephisto, den mochte sie ganz und gar nicht. „Wenn ich ihn sehe, überkommt mich ein heimliches Grauen.

Und seine Gegenwart schnürt mir das Innre zu", gestand sie Faust. „Er schaut immer so spöttisch drein. Und man sieht ihm an, dass er keine Menschenseele lieben kann."

„*Du ahnungsvoller Engel du*!", seufzte Faust leise und nahm Gretchen zärtlich in den Arm.

Ein paar Tage später zog es Faust alleine hinaus in die Natur. Er hatte sich am Waldrand im Schatten einer alten Eiche niedergelassen und betrachtete nachdenklich die Landschaft. „Ist es nicht die Natur, die dem Menschen wahres Glück und Lebenskraft schenkt?", überlegte er.

„Die Natur", höhnte da auf einmal eine vertraute Stimme. „Was findest du an ihr?" Nicht weit entfernt stand Mephisto und schüttelte sich angewidert. „Die Natur ist schrecklich öde! *Dir steckt der Doktor noch im Leibe!*" Mephisto warf Faust einen vielsagenden Blick zu. „Dabei wartet ein schönes Weib auf dich. Sie verzehrt sich nach dir. Kann's gar nicht erwarten, dich wiederzusehen. Na, wie wär's mit einem Stelldichein bei deinem Gretchen? Ich spiel ihr ein Liedchen, das ihr das Blut in den Adern zum Rasen bringt." Der Teufel zog eine Zither unter seinem Mantel hervor und ließ ein paar verlockende Töne erklingen. Da wurde in Faust die Sehnsucht nach Gretchen wach und ergriff ihn mit Haut und Haaren.

Am Abend zogen die beiden Männer zu Gretchens Haus. Kaum standen sie unter ihrem Fenster und Mephisto ließ auf seiner Zither die erste Strophe eines Liebesliedes erklingen, stürzte sich ein junger Mann wütend auf Mephisto, riss ihm das Instrument aus der Hand und zerbrach es. Es war Valentin, Gretchens Bruder, der bis vor Kurzem als Soldat gedient hatte und nun nach Hause zurückgekehrt war. Schreckliches war ihm zu Ohren gekommen. Seine Schwester hatte eine heimliche Liebschaft.

Was für eine Schande! „Das werdet Ihr büßen", schrie Valentin und zog seinen Degen.

Erschrocken wich Faust zurück, aber Mephisto hielt ihn fest. „Nur hiergeblieben, Herr Doktor! Nicht gekniffen. Zück deine Waffe! Ich werde dir behilflich sein." Eigentlich war Faust nicht nach Kämpfen zumute. Widerwillig zog er seinen Degen und schon schlugen die Waffen klirrend gegeneinander. Immer schneller, immer heftiger.

„*Stich zu!*", feuerte Mephisto Faust an und teuflisch war seine Freude, als Valentin tödlich getroffen zu Boden sank. Da wurden schon in den umliegenden Häusern Fenster geöffnet. Stimmen waren zu hören und die Nachbarin eilte herbei.

„Nichts wie weg!", zischte Mephisto und zog Faust mit sich fort. „Nach Polizei und Gefängnis steht mir nicht der Sinn!"

Noch in derselben Nacht verließen die beiden Männer die Stadt. Sie flohen in eine abgelegene, unbehauste Gegend: in die urwüchsigen Wälder des Harzes. In den folgenden Wochen tat Mephisto alles, um den grübelnden, in düstere Gedanken versunkenen Faust zu zerstreuen. Da kam ihm das große Hexen- und Geisterfest, das jedes Jahr in der Walpurgisnacht auf dem höchsten Berg des Harzes ausgelassen gefeiert wurde, gerade recht. Als die Nacht hereinbrach, zog er mit Faust über schmale, holprige Pfade durch die Berge zum Brocken. Kein Mond schien, nur jede Menge Irrlichter schwirrten umher und leuchteten bald hier, bald dort. Unheimlich rauschten und plätscherten Bäche mal nah, mal fern. Mächtig brauste und heulte der Wind. Als sie sich dem Gipfel des Brockens näherten, hallten ihnen seltsame Gesänge entgegen und aus allen Richtungen näherten sich geheimnisvolle Schattengebilde. Scharenweise sausten Hexen auf Besen, Stöcken, ja sogar auf Schweinen durch die Lüfte. Immer tiefer gerieten Faust und Mephisto ins laute, wilde Treiben der Hexen und Geister. Fast hätten sie sich im Gedränge verloren. Da zog Mephisto rasch seinen Begleiter hinter eine dichte Hecke. Dort prasselte auf einem Platz ein großes Feuer und ein bunter Haufen Hexen tanzte ausgelassen um die lodernden Flammen. Mephisto griff sich gleich eine hässliche Alte und wirbelte mit ihr um das Feuer. „So ist's recht!", rief er Faust zu, als er sah, dass dieser sich mit einer bezaubernd schönen Hexe im Tanze drehte. Doch plötzlich blieb Faust stehen und ließ die Schöne los.

„Was ist?", rief ihm Mephisto zu.

„Mir war, als wäre eine rote Maus aus ihrem Mund gesprungen." Verwirrt blickte sich Faust um.

„Sei froh, dass es keine graue Maus war", feixte Mephisto, der jetzt neben ihm stand.

„Siehst du dort die zarte, bleiche Mädchengestalt", flüsterte Faust und blickte wie gebannt in die nachtschwarze Ferne. „Sieht sie nicht aus wie Gretchen? Wie reglos sie dasteht! Ihre Augen sind die Augen einer Toten. Es ist Gretchen!", rief er plötzlich voller Entsetzen.

„Es ist nur ein Trugbild", beruhigte ihn Mephisto.

„Gretchen!", stieß Faust immer wieder hervor. „Gretchen! Was ist mir ihr? Wo ist sie?" Faust hörte nicht auf zu fragen, bis Mephisto ihm erzählte, was mit dem Mädchen geschehen war.

„Nun gut. Sie war schwanger von dir und hielt die Schande nicht aus, ein uneheliches Kind zu haben. So hat sie's getötet. Dafür hat man sie verurteilt. Sie ist im Gefängnis", erklärte Mephisto ungerührt.

„Du elender, miserabler Teufelskerl!", schrie Faust außer sich vor Wut. „Du erbärmlicher, bösartiger Geist, der du das alles angezettelt hat. Du musst sie befreien! Rette sie! Auf der Stelle!", forderte er zornig.

„So einfach ist das nicht", erwiderte Mephisto. „Das Einzige, was ich tun kann, ist dem Gefängniswärter die Sinne zu vernebeln und dir den Schlüssel für ihre Kerkerzelle zu verschaffen. Wenn du sie befreit hast, erwarte ich euch mit meinen Zauberpferden draußen vor dem Kerker. Mehr steht nicht in meiner Macht." Mephisto zuckte gleichgültig die Schultern.

„Na, dann nichts wie los!", forderte Faust ungeduldig.

„Aber du weißt um die Gefahr, in die du dich begibst", warnte Mephisto. „Es lastet noch der Bann des Gerichts auf dir – wegen des Mordes an ihrem Bruder."

Doch Faust bestand darauf, Gretchen zu befreien, und zwar so schnell wie möglich. Als er ihr kurz darauf in der Kerkerzelle gegenüberstand, zerriss es ihm fast das Herz. Die blonden Haare hingen Gretchen wild ins Gesicht. Sie sah ihn mit großen, wirren Augen an und wich erschrocken vor ihm zurück. Als sie ihn endlich erkannte, warf sie sich heftig schluchzend in seine Arme und redete wirres Zeug von Mord und Schuld, von Tod und Teufel.

„Komm! Komm mit!", flüsterte Faust ihr beruhigend ins Ohr. „Vergiss alles, was war. Ich hole dich hier heraus."

Auf einmal löste sich Gretchen aus Fausts Umarmung und trat einen Schritt zurück. „*Heinrich! Mir graut's vor dir*", sagte sie in ruhigem, klarem Ton. „Ich werde nicht fliehen. Ich habe große Schuld auf mich geladen. Ich übergebe mich Gottes Gericht."

Faust war verzweifelt, konnte es nicht glauben, da packte ihn Mephisto und zog ihn aus der Kerkerzelle heraus. „Es wird schon hell! Wir müssen fort. Siehst du's denn nicht: *Sie ist gerichtet.*"

„Ist gerettet!", tönte eine engelsgleiche Stimme vom Himmel. Die Kerkertür fiel krachend ins Schloss und Gretchen blieb alleine zurück.

Faust setzte, begleitet von Mephisto, seine Lebensreise fort. Und es sollten noch viele Jahre vergehen, bis der wissbegierige Doktor Faustus das Glück erkannte, das er all die Jahre gesucht hatte.

„Wer ewig strebend sich bemüht, den können wir erlösen."

FAUST II, 5. Akt

Jedermann

Ein gleichnishaftes Spiel vom Streben und Sterben
des reichen Mannes
von Hugo von Hofmannsthal

Es treten auf

Jedermann, ein reicher Mann

Jedermanns Mutter

Jedermanns Geliebte

Freunde von Jedermann

Gott im Himmel

Mammon

Gute Werke

Glaube

Tod und Teufel

Ort und Zeit:
Überall auf der Welt und zu jeder Zeit

„Mein Geld muss für mich werken und laufen,
mit Tod und Teufel hart sich raufen.
Weit reisen und auf Zins ausliegen,
damit ich soll, was mir zusteht, kriegen."

JEDERMANN

Bekümmert blickte Gott hinunter auf die Erde. Was war nur aus seiner Schöpfung geworden! Die Menschen waren hartherzig und selbstsüchtig, strebten nur noch nach Geld und Besitz und missachteten seine Gebote. So konnte es nicht weitergehen! Gott rief den Tod zu sich. „Siehst du den Mann, der gerade aus dem großen Haus gekommen ist? Bring ihn zu mir!", ordnete Gott an. Sein Blick war auf einen wohlgenährten, edel gekleideten Mann gerichtet. Es war Jedermann, der sehr reich war. Er bewohnte ein großes, prächtiges Haus, hatte viele Diener und Angestellte und besaß viele Häuser und Ländereien. Sein Geld gab

er mit vollen Händen aus: für Essen, Kleidung, Schmuck und Vergnügungen aller Art. Ständig feierte er rauschende Feste. Kurzum, er lebte in Saus und Braus. Dabei häufte er immer mehr Reichtümer an. Denn Jedermann verlieh Geld, das mit Zins und Zinseszins zurückgezahlt werden musste. Wer in Verzug geriet, den verklagte Jedermann. Der Schuldner kam vor Gericht und landete schließlich im Gefängnis.

Als Jedermann an diesem Tag sein Haus verließ, um wieder mal ein neues Grundstück zu kaufen, begegnete er einem Mann, den man gerade wegen seiner Schulden verhaftet hatte. Als dieser Jedermann sah, riss er sich von den Gerichtsbeamten los und stürmte auf den prächtig Gekleideten zu.

„Oh gnädiger Herr, meine Frau und meine Kinder! Habt Erbarmen!", jammerte der abgemagerte Mann, dem die Kleider in Fetzen am Leib hingen. „Was sollen sie tun, wenn ich im Gefängnis bin? Wovon sollen sie leben? Ich bitte Euch, ich flehe Euch an, habt Mitleid! Zerreißt den Schuldschein, den Ihr mir einst ausgestellt habt."

Jedermann zuckte gleichgültig die Schultern. Was ging ihn dieser arme Schlucker und seine Familie an? Warum sollte er Mitleid haben? Es gab keinen Grund. Der Mann war selber schuld an seiner Not. Bestimmt hatte er schlecht gewirtschaftet und konnte deswegen seine Schulden nicht zurückzahlen. Jedermann wandte sich ab. Er hatte keine Zeit. Er musste sich um seine Geschäfte kümmern. Ungerührt setzte er seinen Weg fort.

An der nächsten Wegbiegung traf er seine alte Mutter. Sie kam ihm auf einen Stock gestützt entgegen und machte ein sorgenvolles Gesicht. Jedermann seufzte, denn er ahnte schon, was ihn erwartete. Und es kam wie befürchtet. Die alte Frau blieb stehen und machte ihm Vorhaltungen. „Mein Sohn, ich mache mir große Sorgen", sagte sie. „Du hast nur Geld und Vergnügungen im Kopf. Nie betest du oder gehst in die Kirche. Und statt zu heiraten und eine Familie zu gründen, amüsierst du dich mit deiner Freundin und Geliebten. Doch denke daran", warnte die fürsorgliche Mutter, „eines Tages wirst du sterben und dann wird Gott über dich richten."

„Ach was", gab Jedermann unbekümmert zurück. „Es ist noch lange nicht an der Zeit, ans Sterben zu denken. Ich will mein Leben genießen. Heute und jetzt. Aber ich verspreche dir, Mutter, du wirst meine Hochzeit noch erleben. Jetzt muss ich aber weiter. Wichtige Dinge warten!" Jedermann wandte sich zum Gehen.

Die alte Frau seufzte und setzte ihren Weg langsam und gebeugt fort. Als sie ihr Haus erreichte, stand Jedermann immer noch an derselben Stelle und starrte missmutig vor sich hin. Die Worte seiner Mutter hatten ihm allen Spaß verdorben. Was redete sie auch von solch unangenehmen Dingen wie dem Tod!

Lebhaftes Schwatzen und fröhliches Lachen holten ihn aus seinen trüben Gedanken. Eine hübsche junge Frau, einen duftenden Blütenkranz auf dem langen, lockigen Haar, bog mit einem Gefolge von Musikern und Spielleuten um die Ecke. Sofort hellte sich Jedermanns Gesicht auf. Seine Geliebte! Sie holte ihn zum Fest ab. Ja, das war es, was er brauchte! Nur zu gerne ließ er sich von der munteren Schar zum Haus der Geliebten mitnehmen.

Dort war schon alles für ein rauschendes Fest hergerichtet. Kaum hatten sich Jedermann und die anderen an den üppig gedeckten Tisch gesetzt, eilten Diener herbei und servierten köstlich duftendes Essen. Die Musiker begannen zu spielen. Heitere Klänge erfüllten den Festsaal. Sänger und Tänzer traten auf und erfreuten die Gäste. Es wurde gelacht und gescherzt und alle waren bester Stimmung. Nur Jedermann saß, anders als sonst, nachdenklich zwischen den Feiernden.

„Ach Liebster! Herzallerliebster! Warum schaust du so trübsinnig?", wandte sich die Geliebte an Jedermann. „Willst du uns etwa den Spaß verderben?" Zärtlich schlang sie ihre Arme um den stämmigen Mann, der wie ein Häufchen Elend neben ihr saß.

Doch auch die Liebkosungen der Geliebten konnten Jedermanns düstere Gedanken nicht vertreiben. Immer wieder musste er an das Sterben und den Tod denken – und auf einmal war's ihm … Jedermann blickte verwirrt umher. „Sie sitzen ja alle im Totenhemd da!", flüsterte er erschrocken und horchte auf. War da nicht das dumpfe Klingen eines Glöckchens zu hören?

„Was ist nur in dich gefahren, Liebster?" Lachend hob die junge Frau ihr Glas. „Auf das Leben, die Liebe und den Spaß!", rief sie in die Runde und alle stimmten ein. Gläser klirrten. Es wurde weiter gescherzt und gelacht, gesungen und geturtelt.

Nur Jedermann saß noch immer still, bis er meinte, seinen Namen zu hören. Er horchte auf und lauschte. Ja! Schon wieder! Ganz deutlich hörte er es jetzt. Es war eine furchterregende Stimme, die seinen Namen rief. Jedermann lief ein Schauer über den Rücken.

„Liebster, ich glaube, du bist krank", flüsterte die Geliebte besorgt.

Starr vor Entsetzen saß Jedermann an der Festtafel. Er spürte deutlich, dass ihn jemand anstarrte. Langsam wandte er sich um und erbleichte: Zielstrebig kam eine hagere, ganz in Schwarz gehüllte Gestalt auf ihn zu. Alles Reden und Singen brach ab. Die Musik verstummte und entsetzt wichen die Gäste zurück. Wer konnte, ergriff die Flucht. Der Tod stand vor Jedermann.

„Ich komme im Auftrag Gottes", sagte der Mann, dessen Stimme rau und unheimlich klang. „Ich soll dich zu ihm bringen, damit du ihm Rechenschaft ablegst."

„Jetzt schon!", entfuhr es Jedermann erschrocken. „Aber ich stehe doch mitten im Leben. Ich bin nicht vorbereitet, vor Gottes Gericht zu treten." Und inständig bat er den Tod, ihm noch etwas Aufschub zu gewähren. Doch der Tod schüttelte den Kopf, denn Gott hatte ihm aufgetragen, Jedermann unverzüglich zu ihm zu bringen.

„Gib mir wenigstens so lange Zeit, bis ich jemanden gefunden habe, der mich begleitet. Ich bin es nicht gewohnt, allein zu sein", jammerte Jedermann. „Ich brauche Gesellschaft. Ich alleine vor Gottes Gericht… Das schaffe ich nicht!" Jedermanns Gesicht war vor Angst verzerrt.

Da ließ der Tod sich erweichen. „Gut. Ich werde bei Sonnenaufgang wiederkommen. Du hast also die ganze Nacht. Nutze deine Zeit gut", riet er und verschwand genauso lautlos, wie er gekommen war.

Jedermann schaute sich um. Seine Geliebte war nicht mehr da. Auch die Gäste waren verschwunden bis auf ein paar Freunde, die abwartend in einiger Entfernung standen. Doch als Jedermann sie bat, ihn auf seinem Weg zum Gericht Gottes zu begleiten, war

keiner von ihnen dazu bereit. Selbst sein bester Freund verabschiedete sich hastig, als er hörte, dass es eine Reise ohne Wiederkehr sein würde. Die Tür fiel leise ins Schloss und nichts mehr war zu hören. Alleine stand Jedermann in dem großen, leeren Festsaal. Nun gut, es blieb ja noch die Dienerschaft seines Hauses. Die konnte ihn begleiten. Und seine große Geldtruhe musste er auf jeden Fall auch mitnehmen. Eilig machte sich Jedermann auf den Nachhauseweg. Doch als seine Diener erfuhren, wohin die Reise gehen sollte, ergriffen auch sie die Flucht.

„So bleibt mir wenigstens mein Geld!", sagte sich Jedermann und ging auf die schwere Truhe zu.

Plötzlich klappte der Deckel auf und eine dunkle Gestalt erhob sich groß und selbstgefällig. „Ich bin Mammon. Und ich werde dich nicht begleiten", verkündete das unheimliche Wesen aus der Truhe und blickte Jedermann herablassend an.

„Wie? Du wagst es, dich mir zu widersetzen?", ereiferte sich Jedermann. „Du bist mein Eigentum."

„Du irrst!", erklärte Mammon und ein zynisches Lächeln machte sich auf seinem schrecklichen Gesicht breit. „DU bist mein Knecht und ICH dein Herr. Hast du nicht

gemerkt, dass ich es bin, der deine Gedanken, deine Begierden und all dein Tun regiert?" Mammon griff in die Truhe und ließ Geldstücke durch seine Hände rieseln. „Damit ist es nun vorbei. Irdische Güter sind für das irdische Leben. Dort, wo du hingehst, kannst du kein Geld mitnehmen! Keinen einzigen Taler!" Ein überhebliches Lachen ertönte und dann war Mammon wieder in der Truhe verschwunden. Jedermann stand sprachlos vor Entsetzen da. Um ihn herum herrschte Stille. Totenstille.

Es dauerte eine Weile, eine lange Weile, bis Jedermann es hörte. Es war, als würde in weiter Ferne jemand seinen Namen rufen. „Jeee-der-maaaann!", ertönte es erneut. Jetzt war er sich sicher und machte sich auf die Suche. Lange irrte er durch das große, verlassene Haus. Die Stimme war inzwischen nicht mehr zu hören, als er zu einer Kammer kam, von der er gar nicht wusste, dass es sie in seinem Haus gab. Er lauschte. Stille. Vorsichtig öffnete er die Tür und betrat die armselige Kammer. In einem wackligen Bett lag in zerschlissene Decken gehüllt eine abgemagerte Frau. Sie schien krank zu sein und Jedermann wandte sich angewidert ab.

„Es ist deine Schuld, dass ich so krank und schwach hier liege", raunte die Frau kraftlos. „Ich gehöre zu dir. Ich bin deine guten Werke und ich bin bereit, dich zum Gericht Gottes zu begleiten, auch wenn du mich in all den Jahren nicht geachtet hast."

Jedermann spürte, wie erleichtert er war. Endlich hatte er jemanden gefunden, der ihn auf seinem letzten, schweren Weg begleiten würde. Mühsam richtete sich die Frau auf und streckte die Hände nach den Krücken aus, die neben dem Bett standen. Aber ihre Kräfte reichten nicht. Erschöpft sank sie zurück auf ihr Krankenlager. Da wurde Jedermann von Panik ergriffen.

„Lass mich nicht allein, wenn ich dem Tod folgen muss!", rief er verzweifelt und warf sich reumütig auf den Boden. „Ach, könnte ich doch alles wieder gutmachen", jammerte er.

„Verzweifle nicht. Ich werde meine Schwester um Hilfe bitten", beruhigte ihn die Frau und schon ging die Tür auf. Ein Wesen, zart und leicht wie ein Windhauch, betrat die armselige Kammer. Jedermann richtete sich auf und schaute verwundert die anmutige Gestalt an.

„Du erkennst mich nicht, denn du hast mich dein Leben lang verlacht. Ich bin der Glaube", sagte die Frau mit einer Stimme, so gütig und wohlwollend, dass es Jedermann ganz warm ums Herz wurde. Und wie sie ihn anschaute! So hatte ihn noch niemand je zuvor angesehen. Jedermann war auf unbekannte Weise berührt und zugleich verließ ihn alle Hoffnung, aller Mut. „Es ist zu spät", sagte er leise. „Ich hab alles vertan und dafür wird mich Gott bestrafen."

„Gott ist barmherzig. Gott verzeiht, wenn du dich zu ihm bekennst", sagte Glaube. „Erinnere dich, was in der Bibel steht! Gott hat seinen Sohn geopfert. Jesus starb am Kreuz für die Sünden der Menschen. Aller Menschen!"

Auf einmal wurde Jedermann von einer unbekannten Zuversicht ergriffen und fühlte sich bereit, seine letzte Reise anzutreten. Er legte sein wertvolles, prächtiges Gewand ab und zog das einfache, weiße Totenhemd über, das Glaube ihm reichte. Dann verließ er, begleitet von Glaube und Gute Werke, sein Haus.

Schon nach wenigen Schritten tauchte in der Ferne eine finstere Gestalt auf. Sie machte ihm Zeichen und kam johlend auf ihn zugesprungen. „Da bist du ja!", grölte der Teufel. „Ich komme dich holen!" Als er Jedermann ergreifen wollte, verstellten ihm die beiden Frauen den Weg.

„Weg da!", schrie der Teufel ärgerlich. „Der da ist mir sicher wie schon lange keiner mehr. Weg da! Wer so viel gesündigt hat, der gehört mir! Mir! Mir! Mir!", krakeelte der Teufel und versuchte erneut, Jedermann zu packen. Doch Glaube und Gute Werke standen schützend vor Jedermann. Schließlich zog der Teufel wütend und unverrichteter Dinge von dannen. Jedermann aber ging mit Gute Werke und Glaube an seiner Seite weiter. Am Ende des Weges wurde er bereits erwartet. Leise knarrend öffnete der Tod das Tor, das zum Friedhof führte, und ohne zu zögern trat der einst reiche Mann nur mit dem Totenhemd bekleidet ein.

„Ja, solches wirkt die tiefe Reu,
die hat eine lohende Feuerskraft,
da sie vom Grund die Seel umschafft."
GLAUBE ZUM TEUFEL

Der zerbrochene Krug

Die schwierige Suche nach der Wahrheit
oder: eine Geschichte von Lüge, List und Lust
– ein kriminalistisches Lustspiel –
von Heinrich von Kleist

Es treten auf

ADAM, Dorfrichter

WALTER, Gerichtsrat

LICHT, Gerichtsschreiber

FRAU MARTHE RULL, eine Nachbarin

EVE, ihre Tochter

RUPRECHT, Sohn des Bauern Veit Tümpel

FRAU BRIGITTE, eine Zeugin

Ort und Zeit
Ein holländisches Dorf in der Nähe von Utrecht um 1800

Ich spüre große Lust in mir, Herr Richter,
der Sache völlig auf den Grund zu kommen.
GERICHTSRAT WALTER, 9. Auftritt

Was für eine Nacht! Welche Aufregungen! Nun war es früher Morgen und ich saß in meiner guten Stube und versorgte meine blutenden Schrammen am Bein. Am ganzen Körper spürte ich die schmerzhaften Folgen meines nächtlichen Ausflugs. Ich war schließlich nicht mehr der Jüngste und Laufen und Klettern sind nichts für einen wohlbeleibten Richter wie mich. Aber fette Braten, Wein, Käse … da kann ich nicht Nein sagen. Ich liebe das Essen … Ich schreckte auf. Der Gerichtsschreiber Licht stand auf einmal in der Stube und glotzte mich neugierig an.

„Ei, wie seht Ihr denn aus? Was ist Euch passiert?", fragte er scheinheilig.

„Nur gefallen", sagte ich möglichst beiläufig, aber damit wollte sich dieser Naseweis nicht zufriedengeben. Wann's denn passiert sei und wo und wie, wollte er wissen.

„Als ich heute früh aus dem Bett steige, stolpre ich doch glatt in den Morgen hinein", erklärte ich dem Neunmalklug.

Aber der Kerl war hartnäckig. „Und wer hat Euch das Gesicht so zerkratzt?"

„Das Gesicht? Mein Gesicht? Meint Ihr wirklich mein Gesicht?", erkundigte ich mich verwundert. Und da hielt er mir schon den Spiegel vor die Nase.

Tatsächlich! Es war nicht zu übersehen. Ich sah aus wie ein Schaf, das ins Dornengestrüpp geraten war. Und dann fiel mir zum Glück eine Erklärung ein. „Es war ein Gefecht! Mit einem Ziegenbock, der sich in meiner Schlafkammer niedergelassen hat. Auf den bin ich beim Aufstehen getreten und ausgerutscht. Als ich mich dann an einem Gestell am Ofen festhalten wollte, bekam ich nur die Hose zu fassen, die auf selbigem hing, und fiel geradewegs mit dem Gesicht nach vorne auf das Gehörn, das der Ziegenbock mir entgegenstreckte. Ja, so war's", schnaufte ich und tauchte ein Tuch ins Wasser, um mir das Blut aus dem Gesicht zu tupfen. Verdammt, tat das weh.

„Ein echter Adamsfall", bemerkte der Schreiber und spielte damit auf meinen Namen an.

„Und was gibt's Neues?", brummte ich, um den vorwitzigen Kerl auf andere Gedanken zu bringen.

„Macht Euch bereit. Unerwarteter Besuch kommt. Der Herr Gerichtsrat aus Utrecht. Noch heute wird er hier sein, um Eure Arbeit und die Akten zu prüfen. Gestern war er schon im Nachbardorf und hat manche Ungereimtheit aufgedeckt."

„Tatsächlich", sagte ich möglichst ungerührt und ließ den Schreiber nicht aus den Augen. Wollte der mir einen Schrecken einjagen? Der Licht führt einen gern mal hinters Licht. Außerdem wusste ich, dass er's auf meinen Richterposten abgesehen hatte. Doch bevor ich mir noch mehr Gedanken machen musste, stand ein Bote des Gerichtsrats in der Stube und kündigte mir dessen Ankunft an – in Kürze! Herrje, so schnell. Ich wusste, dass die Akten, die sich nebenan in meinem Büro wie beim Turmbau zu Babel stapelten, nicht so schnell geordnet werden konnten. Aber die Überreste von manchem ausgiebigen Schmaus, den ich in der Aktenkammer gehalten hatte, mussten schleunigst beseitigt werden. Damit beauftragte ich meine Mägde. Als die beiden gingen, drangen von draußen Stimmen an mein Ohr. Im Flur hatten sich Leute versammelt. Auch das noch! Das hatte ich ja ganz vergessen. Heute war Gerichtstag! Also, rasch die Amtsrobe anlegen: schwarzer Mantel, weißer Kragen … doch wo zum Teufel war meine Perücke? Ich rief nach der Magd.

„Die eine ist beim Perückenmacher in der Stadt", erinnerte sie mich.

„Und wo ist die andere?", fragte ich ungeduldig, während ich mich abmühte, meinen verstauchten Fuß in einen Stiefel zu zwängen.

Da sagte das unverschämte Dienstmädchen doch, dass ich am gestrigen Abend ohne Perücke nach Hause gekommen sei. „Ihr habt erzählt, Ihr wäret gefallen. Und Ihr wart verwundet. Ich musste Euch das Blut vom Kopf waschen."

„Welch dreiste Lüge!", rief ich und warf rasch einen Blick zum Schreiber Licht, der noch immer in der Stube herumlungerte und seine Ohren wie ein Luchs aufgestellt hatte. Also erzählte ich, dass ich meine Perücke vor dem Zubettgehen an den Stuhl gehängt hatte. „In der Nacht bin ich wohl an den Stuhl gestoßen, die Perücke ist heruntergefallen und die Katze hat sich ihrer bemächtigt. Denn am Morgen entdeckte ich, dass sie ihre Jungen in meiner Perücke zur Welt gebracht hatte!" Ich warf einen zufriedenen Blick in die Runde. Und dann kam mir die Idee, dass die fehlende Perücke mich aus meiner misslichen Lage befreien könnte! Denn ein Richter ohne Perücke kann nicht Gericht halten. Der hohe Herr aus Utrecht sollte besser an einem anderen Tag kommen. Aber da klopfte es schon und ein Mann, nicht groß, nicht dick, nicht unfreundlich, betrat die Stube. Gerichtsrat Walter! Mit seinen kleinen, grauen Adleraugen blickte er mich durchdringend an. Tja, mit hohen Herren ist nicht gut Kirschen essen. Aber vielleicht Wein trinken? Ich empfing ihn äußerst höflich und zuvorkommend und bot ihm sogleich Wein und Essen an. Doch der Mann bestand darauf, umgehend mit der Gerichtsverhandlung zu beginnen. Und leider war er bereit, ausnahmsweise einen kahlköpfigen Richter zu akzeptieren. Was blieb mir also anderes übrig, als mich kahlköpfig, geschunden und humpelnd in die Gerichtsstube zu begeben?

„Ihr seid ja bös verletzt, Herr Richter Adam", meinte der Gerichtsrat, als ich aufstand. Ungebührlich lange starrte er auf meinen Humpelfuß und die Schrammen am Kopf.

„Jaja, ein heftiger Schlag. Ich glaubte schon, er würde mich ins Grab bringen", antwortete ich und verzog schmerzvoll mein Gesicht. Etwas Mitleid, um mir den Gerichtsrat gewogen zu stimmen, konnte nicht schaden!

Als wir in die Gerichtsstube kamen, ging es dort schon hoch her. Die Witwe Marthe Rull hielt einen zerbrochenen Krug im Arm. Sie keifte und zeterte und beschuldigte Ruprecht, den Verlobten ihrer Tochter Eve, den Schaden verursacht zu haben. Ich schaute rasch zu Eve, einem kernigen, hübschen Ding. Sie saß neben der keifenden Mutter, ganz still und zurückhaltend – noch! Noch sagte sie nichts, aber junge Mädchen können sehr geschwätzig sein. Also nutzte ich die allgemeine Aufregung, um mich ihr zu nähern. Es gab da ein kleines Geheimnis zwischen uns.

„Du weißt ja um den Bescheid von deinem Verlobten", sagte ich leise und schaute sie durchdringend an. „Es liegt in deiner Hand, ob er zum Kriegsdienst in die Ferne eingezogen wird. Wie ich dir gestern sagte, könnte ich das verhindern …"

Weiter kam ich nicht, denn der Gerichtsrat ermahnte mich und mir blieb nichts anderes übrig, als mich auf meinen Richterstuhl zu setzen und mit der allgemeinen Befragung zu beginnen. Als Erstes ließ ich Frau Marthe zu Wort kommen, die erzählte, dass ihr wertvoller Krug letzte Nacht im Zimmer der Tochter zu Bruch gegangen war. „Als ich zu Eve ins Zimmer kam, war der da!" Sie zeigte grimmig zu Ruprecht, dem Verlobten.

„Dann ist er der Übeltäter!", folgerte ich blitzschnell, wollte schon ein Urteil sprechen, da plärrte doch der Ruprecht: „Ich war's nicht. Der Krug war schon kaputt, als ich zu Eve ins Zimmer kam."

Ob ich wollte oder nicht, nun musste ich den Ruprecht auch noch befragen. Der Herr Gerichtsrat bestand darauf. Lang und umständlich erzählte dieser einfältige

Sohn eines Bauern, wie er sich gestern Abend auf den Weg zu seiner Verlobten gemacht und sie dann mit einem anderen leise im Garten hatte schwatzen hören.

„Und wer war das wohl, du Klugschwätzer", fragte ich und fürchtete schon, er hätte die Stimme erkannt.

„Tja, das frag ich mich auch", antwortete Ruprecht ärgerlich. „Es war stockfinster. Da konnte ich niemanden erkennen, aber ich vermute, dass es der Flickschuster war. Der ist ja schon seit Längerem hinter der Eve her. Und wie es scheint, hat sie sich mit ihm eingelassen!" Aufgebracht wandte er sich dem Mädchen zu. „Aus ist's mit uns! So eine heirate ich nicht!" Er schaute sie verächtlich an und Eve warf ihm einen stummen, flehenden Blick zu.

Rasch ergriff ich das Wort, denn die Sache mit dem Flickschuster gefiel mir. Wenn die Angelegenheit an ihm hängen blieb, war's gut und der Ruprecht konnte ruhig erzählen, dass er später noch einmal wiedergekommen und zu Eves Kammer hinaufgestiegen war. Als er die Tür verschlossen fand, hatte er sie dann in seiner Eifersucht eingetreten.

„Ich konnte grad noch sehen, dass einer aus dem Fenster floh", erklärte Ruprecht. „Doch wie schon gesagt, es war zu dunkel, um ihn zu erkennen." Und dann fügte er stolz hinzu: „Aber dem Kerl hab ich zwei kräftige Hiebe mit der herausgerissenen Türklinke versetzt." Als ich das hörte, spürte ich förmlich noch einmal den Schmerz auf meinem Kopf.

Jetzt sollte das Mädchen befragt werden. „Aber man kann doch ein armes, junges Ding nicht den Gefahren einer Aussage aussetzen", erklärte ich sehr entschieden. Doch der Gerichtsrat bestand darauf. Mir klebte vor Aufregung die Zunge am Gaumen. Ich brachte kein Wort mehr heraus und so wandte sich der Gerichtsrat höchstpersönlich an Eve.

„Also, mein Kind", sprach er, „wer war es, der letzte Nacht aus deinem Zimmer geflohen ist?"

Den Kopf gesenkt rutschte sie nervös auf ihrem Stuhl hin und her und ich ließ sie nicht aus den Augen.

„Sagst du, der Flickschuster war's – nun gut", erklärte ich sehr mild und verständnisvoll. „Sagst du, der Ruprecht war's – auch gut!"

Aber das dumme Ding nahm's mit der Wahrheit genauer als genau. „Der Ruprecht war es nicht!", stieß sie hervor. „Das würde ich, wenn's sein muss, auch beschwören. Und der Flickschuster kann's nicht gewesen sein. Den habt Ihr doch gestern Morgen nach Utrecht geschickt. Das habt Ihr mir selber erzählt."

Meine Güte, was für ein gutes Gedächtnis das Mädel doch hatte.

„Mehr sag ich nicht!" Eve verstummte – und ich atmete auf.

„Eine schwierige Angelegenheit. Wir sollten die Verhandlung besser auf morgen vertagen", schlug ich vor.

Doch beim Herrn Gerichtsrat war der kriminalistische Spürsinn erwacht. „Oh!", rief er aufgekratzt. „Ich spüre große Lust, der Sache völlig auf den Grund zu kommen."

„Also, nach allem, was ich jetzt gehört habe", meldete sich nun Eves Mutter noch einmal zu Wort, „bin ich überzeugt, dass da noch eine ganz andere Geschichte dahintersteckt. Frau Brigitte hat nämlich gestern Abend in unserem Garten etwas beobachtet. Aber am besten fragt Ihr sie selbst."

Natürlich bestand der Gerichtsrat darauf, die Zeugin sofort holen zu lassen. Ich war einverstanden, denn ich war sicher, dass man Frau Brigitte nicht so schnell herbeischaffen konnte. Die Verhandlung wurde unterbrochen und der Schreiber losgeschickt.

Gerade hatte ich dem hohen Herrn allerlei Leckerbissen und wohlbekömmlichen Wein aufgetischt, da ging die Tür auf und der Schreiber brachte die Zeugin. Ich hatte Mühe, mein Entsetzen zu verbergen. Denn zu allem Unglück hielt die dicke Frau Brigitte eine Perücke in der Hand, die der meinen täuschend ähnlich sah.

„Die fand ich im Weinspalier vor dem Fenster der Jungfer Eve", erklärte sie.

„Ja kaum zu glauben!", rief ich erstaunt, denn manchmal ist es auch nützlich, die Wahrheit zu sagen. „Das ist meine Perücke! Aber wie in drei Teufels Namen kam sie in die Weinreben?" Ich wandte mich an Ruprecht. „Letzte Woche gab ich sie doch dir, du Halunke, damit du sie in die Stadt zum Frisör bringst."

„Dort hab ich sie auch abgegeben", verteidigte sich Ruprecht sogleich.

„Aber wieso hängt sie dann in den Weinranken? Gib's zu, du hast sie gar nicht zum Frisör gebracht und sie zur Tarnung benutzt, als du gestern Abend bei der Jungfer Eve warst!"

„Aber der Ruprecht war es nicht, der mir gestern Nacht am Garten von Frau Marthe über den Weg lief", warf Frau Brigitte vorlaut ein. „Der Kerl war glatzköpfig, hatte einen Pferdefuß und verbreitete einen argen Gestank nach Pech und

Schwefel, als wär's der Teufel höchstpersönlich. Der Herr Licht hat ihn auch gesehen, nicht wahr?" Frau Brigitte schaute zum Schreiber.

„Ob's der Teufel war, kann ich nicht sagen", erklärte dieser gerissene Kerl. „Doch ich kann bestätigen, dass es ein kahlköpfiger Hinkefuß war."

Mir wurde auf einmal höllisch heiß. Ich hatte eine Weile geschwiegen, aber jetzt war es Zeit einzugreifen: „Also, wenn der Teufel in diesen Fall verwickelt ist, wenn er den Krug zerbrochen hat, so müssen wir erst bei der Kirchenverwaltung in Utrecht anfragen, ob wir so etwas überhaupt verhandeln dürfen."

Der Gerichtsrat winkte ab und die Verhandlung nahm leider ihren Lauf. Zu allem Ärger hatte diese geschwätzige Frau Brigitte auch noch Spuren entdeckt: „Ein Menschenfuß und ein Pferdefuß führten vom Spalier durch den Garten von Frau Marthe durchs Dorf und bis zum Haus von Richter Adam", berichtete sie.

„Bis zu mir?", rief ich entsetzt. „Der Teufel wird doch nicht etwa im Gericht wohnen?"

Nachdenklich saß der Gerichtsrat da, schaut auf meine Füße, als läge dort des Rätsels Lösung. Dann fragte er, ob es jemanden im Dorf gäbe, der missgeschaffene Füße habe.

„Allerdings!", antwortete der Schreiber. „Fragt den Herrn Richter."

Tja verdammt! Was sollte ich da sagen? Der Licht spielte auf meinen etwas ungeratenen linken Fuß an. Aber am besten Ruhe bewahren. „Also, seit zehn Jahren bin ich hier im Amt", sagte ich nachdenklich, „und soviel ich weiß, ist alles im Dorf grad gewachsen." Dann streckte ich zum Beweis meinen linken Fuß vor, so schön und grad, wie's nur ging. „Und das hier, das ist wohl nicht ein Pferdefuß. Hätte der Teufel einen solchen, könnte er auf Bälle gehen und tanzen."

„Lasst uns die Sache zu Ende bringen", drängte der Gerichtsrat und erneut hielt Frau Brigitte die Perücke hoch. Verdammt, was musste sie diesen leidigen Gegenstand noch einmal ins Spiel bringen.

„Wer hat den Teufel je in so einer Aufmachung gesehen?", rief sie.

„Ich bitte Euch, Frau Brigitte!", warf ich barsch dazwischen. „Wer weiß schon, was in der Hölle gerade Mode ist."

Prompt griff der Schreiber Licht das Thema auf. „Mir scheint, die Perücke, Herr Richter, passt auf Euren Kopf, als sei sie dort gewachsen." Ehe ich mich versah, hatte der hinterhältige Mensch mir die Haarpracht auf den Kopf gesetzt.

„Ha!“, rief ich aufgebracht. „Die ist mir doch viel zu weit! Sie hängt mir wie ein Mantel um die Schultern.“ Und dabei drehte und ruckte ich heftig an dem Ding, um es in Bewegung zu bringen.

Ein missmutiges Gemurmel machte sich in der Gerichtsstube breit.

„Eve, sprich! Ist's er, der bei dir in der Kammer war und den Krug zerbrochen hat?“, rief der Ruprecht aufgebracht.

„Alles nur erstunken und erlogen!“, schmetterte ich dazwischen. „Der Ruprecht ist der Täter und will nur von sich ablenken. Und jetzt beleidigt er auch noch einen Richter. Dafür lass ich ihn ins Gefängnis werfen!“

„Ins Gefängnis? Meinen Ruprecht ins Gefängnis?“, rief da die Eve, das dumme Ding. „Er war's! Der Richter Adam hat den Krug zerbrochen.“

Einen Augenblick herrschte Stille. Allen in der Gerichtsstube hatte es die Sprache verschlagen. Sogar mir.

„Verzeiht!“, murmelte ich schließlich, stand auf, eilte auf die Tür zu, war schon fast draußen, da packte mich eine derbe Pranke. Es war der Ruprecht, der böse Drohungen ausstieß. Tja, mit einem eifersüchtigen Burschen ist nicht zu spaßen. Aber zum Glück erwischte er nur meinen Mantel. Den ließ ich gerne zurück, wenn ich nur ungeschoren davonkam.

Wie ich später erfuhr, plauderte das geschwätzige, hübsche Ding alles aus. So kam heraus, dass meine Geschichte mit Ruprechts Kriegsdienst nicht ganz der Wahrheit entsprach. Aber irgendwie musste ich doch das Mädchen – nun, sagen wir – beeindrucken, damit sie mich in ihre Kammer ließ. Und hätte der eifersüchtige Ruprecht uns nicht hinterherspioniert und die Tür von Eves Kammer eingetreten, wäre ich nicht zu dieser waghalsigen Flucht aus dem Fenster gezwungen gewesen, bei der dieser vermaledeite Krug in die Brüche gegangen ist. Da rennt die Mutter wegen der paar Scherben gleich vors Gericht!

Naja, den Kragen hat es mich nicht gekostet, aber meine Stelle als Richter. Und was den zerbrochenen Krug betrifft…? Nun, so hörte ich, dass Frau Marthe das nächsthöhere Gericht in der Stadt anrufen will, „damit dem Krug sein Recht geschehe". Tja, was die Leute so alles als Recht ansehen!

Wer wollte doch um einen irdnen Krug,
(…) solch einen Aufruhr, so viel Unheil stiften.

EVE, 6. Auftritt

Die Parabel von den drei Ringen aus „Nathan der Weise"

Judentum – Christentum – Islam: Welches ist die wahre Religion?
von Gotthold Ephraim Lessing

Es treten auf

NATHAN, ein wohlhabender jüdischer Kaufmann

SULTAN SALADIN

Ort und Zeit

Jerusalem im Mittelalter zur Zeit der Kreuzzüge

„Was will der Sultan? Was? – Ich bin auf Geld gefasst; und er will – Wahrheit. Wahrheit! Und will sie so – so bar, so blank –, als ob die Wahrheit Münze wäre!"

NATHAN, 3. Aufzug, 6. Auftritt

Saladin, der Sultan von Jerusalem, hatte Geldsorgen. Wer könnte ihm da besser helfen als Nathan? Er war einer der wohlhabendsten jüdischen Kaufleute in Jerusalem - und diese waren in der Stadt und im ganzen Land als Geldverleiher bekannt. Gerade war Nathan mit neuen Reichtümern von einer langen Reise nach Hause zurückgekehrt. Das war ein guter Zeitpunkt und so ließ der Sultan den Kaufmann zu sich kommen.

Sehr bescheiden und mit großer Zurückhaltung betrat der reiche Mann den Audienzsaal des Palastes und verneigte sich vor dem Sultan. Nathan war gespannt. Was mochte der Herrscher von ihm wollen? Bestimmt ging es um Geld. Weshalb sonst ließ der Sultan einen Juden zu sich kommen?

„Soso! Du bist also Nathan", sagte Saladin und betrachtete interessiert die feinen Gesichtszüge des bärtigen Mannes, der vor ihm stand. „Nathan der Weise", fügte der Sultan herausfordernd hinzu. „Nicht wahr, so nennst du dich doch!"

„Nicht ich, das Volk", erwiderte der Kaufmann ohne jegliche Eitelkeit.

Saladin war beeindruckt. Nachdem er sich eine Weile mit seinem Gast unterhalten hatte, wusste er, dass man den Kaufmann nicht umsonst „Nathan den Weisen" nannte. Wie klug und besonnen hatte Nathan auf alle seine Fragen geantwortet! Da kam dem Herrscher eine Frage in den Sinn, die ihn schon lange beschäftigte.

„Da du nun so weise bist, so sag mir doch einmal: Was für ein Glaube, was für ein Gesetz hat dir am meisten eingeleuchtet? Islam? Judentum? Christentum? *Von diesen drei Religionen kann doch eine nur die wahre sein."* Neugierig waren die Augen des Sultans auf Nathan gerichtet.

Der Kaufmann war beunruhigt, denn der Sultan hatte ihm eine schwere, eine sehr schwere Frage gestellt – und eine gefährliche dazu. War das vielleicht eine Falle? Denn würde Nathan seine Religion, die jüdische, als die wahre nennen, so hieße das, den Glauben des Sultans als unwahr zu bezeichnen. Sollte er dem Herrscher zuliebe seine eigene Religion verleugnen und die muslimische Religion als die wahre bezeichnen? Oder aber die christliche Religion…? Nein, das alles war keine Lösung. Also bat Nathan den Herrscher um etwas Bedenkzeit.

„Gut", sagte Saladin, „aber beeile dich." Und er verließ den Raum. Nathan blieb nicht viel Zeit, denn schon nach einer kurzen Weile kam der von Neugier getriebene Herrscher zurück und ließ sich wieder auf seinem Thron nieder.

„Nun, so lass mich die Wahrheit hören!" Saladin war ganz aufgeregt und fügte leise hinzu: „Sei ohne Sorge, niemand hört uns zu."

„Es wäre gut, die ganze Welt würde hören, was ich dir sage", antwortete Nathan ruhig. „Doch lass mich zuerst eine kleine Geschichte erzählen."

Der Sultan runzelte die Stirn. Doch weil er ein großer Freund des Geschichtenerzählens war, stimmte er zu – und Nathan begann:

„Vor langer, langer Zeit lebte ein Herrscher, der besaß einen sehr wertvollen Ring, der seinen Besitzer mit Wunderkräften ausstattete. Wer den Ring trug, der war bei Gott und den Menschen gleichermaßen beliebt und angesehen. Als der Herrscher starb, vermachte er den Ring dem Sohn, der ihm der liebste war. Gleichzeitig bestimmte er, dass der Ring immer an den Lieblingssohn weitergegeben werden musste. So wanderte der Ring viele Generationen lang von Hand zu Hand. Doch dann bekam ihn ein König, der drei Söhne hatte. Und er liebte alle drei gleichermaßen. War er mit dem einen zusammen, so war er überzeugt, dass dieser ihm der liebste sei. Doch war er mit einem der anderen beiden zusammen, erging es ihm nicht anders. Was sollte er nur tun? Der Mann war verzweifelt. Schließlich fasste er einen Entschluss. Heimlich be-

auftragte er einen Goldschmied, zwei Ringe zu fertigen, die genauso aussahen wie der Ring mit der Wunderkraft. Der Mann war ein Meister seines Faches und als man dem König die drei Ringe vorlegte, sah einer wie der andere aus. Der Herrscher konnte nicht mehr sagen, welcher der echte war. Als der König spürte, dass sein Tod nahte, hieß er jeden Sohn einzeln zu sich kommen und schenkte jedem einen Ring.

Nach dem Tod des Vaters erhoben alle drei Söhne Anspruch auf das Erbe, denn jeder hielt sich aufgrund des Ringes für den Auserwählten. Doch wie groß war ihr Entsetzen, als sie feststellten, dass jeder von ihnen einen Ring besaß. Aber nur einer konnte der echte Ring mit der Wunderkraft sein. Zwischen den Brüdern entbrannte heftiger Streit, denn jeder war überzeugt, dass nur sein Ring der echte sein konnte und die anderen beiden Fälschungen sein mussten. Schließlich zogen die Söhne vor Gericht und baten einen Richter zu entscheiden.

„Das ist ein Rätsel, welches ich nicht lösen kann", antwortete der Mann. „Aber wenn Ihr sagt, dass der Ring Wunderkraft hat, so wird es sich zeigen, wer den echten Ring hat. Aber", gab der Richter zu bedenken, „möglicherweise ist keiner der Ringe der echte. Dieser ging vielleicht verloren und Euer Vater ließ ihn durch drei neue ersetzen."

Jetzt waren die Söhne noch verwirrter.

„Doch wie immer es auch ist", sagte der Richter, „ich rate Euch, dass ein jeder von Euch sich bemühen sollte, die Kraft des Ringes hervorzubringen. Denn wem es gelingt, von Gott und den Menschen anerkannt und geliebt zu werden, der hat den echten Ring."

Aufmerksam hatte der Sultan zugehört. Die Geschichte Nathans hatte ihn tief berührt. „Eine vortreffliche, eine weise Antwort hast du mir gegeben", rief er freudig und bat Nathan, sein Freund zu sein. Der Kaufmann stimmte etwas verwirrt zu.

„Also, dann auf bald", verabschiedete sich der Herrscher und stand auf. Nathan aber blieb ratlos stehen. Sollte der Sultan ihn nur wegen der Frage nach den drei Religionen zu sich gerufen haben und nicht, um sich Geld bei ihm zu leihen?

Schließlich wandte sich Nathan noch einmal an den Sultan. „Verzeih. Dürfte ich noch eine Bitte äußern?"

„Nur zu, rede!", erwiderte Saladin, der stehen geblieben war.

„Wie du weißt, komme ich gerade von einer weiten Reise zurück, die mir viel Geld eingebracht hat. Mehr Geld, als ich brauche. Aber vielleicht kannst du es brauchen, da doch die Situation im Lande sehr schwierig ist."

Jetzt war es Saladin, der verwundert und verwirrt war. „Ist das dein Ernst?", fragte er argwöhnisch.

„Gewiss doch!", erwiderte der Kaufmann so entschieden, dass der Sultan ihm die Hand entgegenstreckte. „So nehme ich dein Geschenk gerne an."

Wie man sieht, kommen die Dinge manchmal anders als gedacht!

„Es strebe von euch jeder um die Wette,
die Kraft des Steins in seinem Ring an Tag zu legen!"

NATHAN, 3. Aufzug, 7. Auftritt

Der eingebildete Kranke

Komödie um Krankheit und Liebe
von Jean-Baptiste Molière

Es treten auf

HERR ARGAN, der eingebildete Kranke

BÉLINE, seine zweite Ehefrau

ANGÉLIQUE, älteste Tochter aus der ersten Ehe

CLÉANTE, heimlicher Geliebter von Angélique

TOINETTE, das kecke Dienstmädchen

BÉRALDE, Bruder von Herrn Argan

HERR DIAFOIRUS, ein Arzt

THOMAS DIAFOIRUS, sein Sohn

Ort und Zeit
Paris im 17. Jahrhundert, im Krankenzimmer von Herrn Argan

„Ich kenne niemanden, der weniger krank ist als Ihr, und ich könnte mir keine bessere Konstitution wünschen als die Eure. Den mir besten Beweis für Eure gute Gesundheit und die Robustheit Eures Körpers sehe ich darin, (...) dass Ihr an all diesen Arzneien, die man Euch hat schlucken lassen, noch nicht krepiert seid."

BÉRALDE, 3. Aufzug, 3. Auftritt

Wie schwer hat man es doch als Kranker! Herr Argan stöhnte laut und herzergreifend. Dann beugte er sich erneut über den Berg von Rechnungen, der vor ihm auf dem Tisch lag. Als wären die Krankheiten nicht schon genug Plage! Da musste man als Kranker auch noch ein wachsames Auge auf die Rechnungen seines Arztes und Apothekers haben. Ständig wurden die Rezepte und Medizinen teurer! Herr Argan hüstelte, zog seine Schlafmütze tiefer ins Gesicht und stutzte. Er zählte erneut. Es blieb dabei. Im vorigen Monat hatte er zwölf Arzneien und zwanzig Einläufe bekommen, in diesem Monat jedoch nur acht Arzneien und zwölf Einläufe. Kein Wunder, dass es ihm so viel schlechter ging!

Sogleich schüttelte ihn ein Hustenanfall und er griff nach der kleinen Glocke, die zwischen Pillen, Kräutern und allerlei Tinkturen stand. Energisch klingelte er nach dem Dienstmädchen. Einmal. Zweimal. Er rief, schrie, brüllte. Vergeblich! Wie konnte Toinette, dieses ungeratene Dienstmädchen, es wagen, ihn warten zu lassen! Als er sich umdrehte, stand verlegen ein hübsches, junges Mädchen in der Tür.

„Ah, meine Tochter!", brummte Herr Argan. „Du kommst wie gerufen! Angélique, ich habe dir etwas mitzuteilen." Auf seinen Stock gestützt, schlurfte er zum Sessel, in dem er sich stöhnend niederließ. „Man hat um deine Hand angehalten."

Angélique schoss Röte, Schamesröte, ins Gesicht. Ihr Herz klopfte wie wild. Sollte etwa Cléante, in den sie sich unsterblich verliebt hatte …? Der Vater sprach von einem großen, gut aussehenden jungen Mann, klug und aus bester Familie. Das konnte nur Cléante sein! Angéliques Herz hüpfte vor Aufregung. Doch schon im nächsten Augenblick war alle Freude dahin. Nicht von Cléante war die Rede. Mit dem Sohn des Arztes wollte der Vater sie verheiraten.

„Mein Entschluss steht fest. Felsenfest!", erklärte Herr Argan, hüstelte und wandte sich mit leidvoller Miene an seine Tochter: „Denn was braucht ein Kranker mehr als einen Arzt in der eigenen Familie! Und eine Tochter sollte froh sein, ihrem Vater auf diese Weise dienen zu können. Also, keine Widerrede. Du heiratest, wen ich will! Und solltest du es wagen, dich zu widersetzen, dann stecke ich dich ins Kloster!" Erschöpft lehnte sich Herr Argan in seinen Sessel zurück. „Oh, all dieser Ärger! Das ist noch mein Tod!", raunte er kraftlos. Angélique stand noch immer regungslos da, als die Tür aufging und eine junge, elegant herausgeputzte Dame hereinschaute.

„Meine geliebte Gemahlin", hauchte Herr Argan mit letzter Kraft.

Die kostbaren Stoffe ihres Kleides raschelten, die wertvollen Pfauenfedern auf dem Hut wippten aufgebracht, als Béline zu ihrem Gemahl eilte und ihn mit allerliebsten, zuckersüßen Koseworten überschüttete. „Mein Liebchen! Mein Schätzchen! Mein armes Männchen!", flötete sie und zog ihm hingebungsvoll die Mütze über die Ohren.

Ein dankbares Lächeln huschte über die Leidensmiene des Kranken. „Es ist an der Zeit", seufzte er tief gerührt, „dass ich mein Testament mache. All mein Hab und Gut sollt einzig und allein Ihr, meine geliebte Gemahlin, erhalten."

„Oh, sprecht nicht von solchen Dingen!", stöhnte die junge Ehefrau heuchlerisch.

„Doch, doch", beharrte Herr Argan. „Habt Ihr den Notar um Rat gefragt?"

„Stellt Euch vor, ich war gerade in der Stadt und habe ihn mitgebracht", säuselte sie. Und da war der Rechtskundige auch schon zur Stelle. Er stand neben dem Krankenlager und lächelte Herrn Argan überaus freundlich an.

„Es gibt nur noch ein kleines Problem zu regeln", erklärte der Notar. „Nach dem Gesetz sind auch Eure beiden Töchter aus erster Ehe erbberechtigt. Aber keine Sorge, da lässt sich etwas machen", beruhigte er Herrn Argan. „Ich denke da zum Beispiel an eine Schenk…"

„Moment! Moment!", unterbrach Herr Argan und warf einen misstrauischen Blick auf seine Tochter und das Dienstmädchen, das in der Tür stand. „Solche Sachen bespricht man besser in Ruhe. Ohne lauschende Ohren!" Mühsam erhob er sich aus seinem Sessel und sogleich eilten seine Gemahlin und der Notar zu Hilfe. Von beiden gestützt, verließ er hochzufrieden das Zimmer.

„Habt Ihr das gehört?", wandte sich das Dienstmädchen empört an Angélique, die noch immer wie versteinert dastand. „Vom Testament war die Rede! Ich sage Euch, da ist ein Komplott im Gange. Eure Stiefmutter ist nur auf das Erbe Eures Vaters aus."

„Wenn er mich nur nicht mit dem Sohn des Arztes verheiratet!", jammerte Angélique. Doch dann kam mit einem Mal Leben in die reglose Gestalt. „Toinette, hilf mir!" Flehend wandte sie sich an das Dienstmädchen: „Cléante muss unbedingt von diesen Heiratsplänen erfahren."

„Ich werde meine Bestes tun. Schon allein um die hinterlistigen Absichten dieser habgierigen Ehefrau zu vereiteln!", knurrte Toinette und verließ entschlossen das Zimmer.

Einige Tage später klingelte es an der Tür. „Besuch!", rief das Dienstmädchen, und Herr Argan, der wie immer erschöpft in seinem Krankensessel ruhte, schreckte auf.

„Ein junger Mann. Er kommt in Vertretung von Angéliques Musiklehrer", erklärte Toinette.

„Lass ihn eintreten. Aber die Musikstunde findet bei mir hier statt", ordnete Herr Argan entschieden an, denn auf unverheiratete Töchter musste man ein wachsames Auge haben!

Als Angélique kurz darauf das Krankenzimmer betrat und den jungen Mann sah, mit dem ihr Vater sich unterhielt, durchfuhr sie ein Schrecken. Es war kein anderer als Cléante, der sich als Vertretung des Musiklehrers ausgegeben hatte. Sie ließ sich nichts anmerken, begrüßte ihn sehr höflich – und da meldete das Dienstmädchen weitere Besucher: den zukünftigen Schwiegersohn Thomas Diafoirus und seinen Vater.

Die Tür ging auf und ein hagerer Mann mit strengem Blick betrat den Raum. Ihm folgte der Sohn: ein unbeholfener junger Mann, kräftig wie ein Schrank. Er wartete artig wie ein braves Hündchen, bis ihm der Vater ein Zeichen gab. Dann sagte er seine auswendig gelernte Begrüßungsrede auf, zog einen Stapel beschriebener Blätter aus seiner Jackentasche und überreichte sie Angélique mit stolz geschwellter Brust. „Meine Doktorarbeit. Mein Brautgeschenk!", stieß er hervor. Verständnislos schaute die junge Frau auf den Stapel Papier. Was sollte sie denn damit?

„Nun, es gibt allen Grund, stolz zu sein", begann Herr Diafoirus und dann folgte eine lange und ausführliche Lobrede auf seinen Sohn. Er rühmte dessen Vorzüge als wohlerzogenen Sohn, als gehorsamen Studenten und als Mediziner, der bedingungslos den alten, traditionellen Lehren folgte. „Durch neue Erkenntnisse lässt er sich keinesfalls beeindrucken", verkündete Herr Diafoirus stolz und legte eine bedeutungsvolle Pause ein. „Auch ist mein Sohn nach dem Ermessen der Doktoren in erfreulichem Maße befähigt, sich fortzupflanzen und besitzt durchaus die Statur, kräftige Kinder zu zeugen." Selbstgefällig schaute Herr Diafoirus in die Runde.

Herr Argans Blick ruhte zufrieden auf dem massigen jungen Mann, der etwas tolpatschig hinter seinem Vater stand und unentwegt grinste. „So sollt Ihr denn jetzt eine Kostprobe von der Gesangeskunst meiner Tochter erhalten!", erklärte er und wandte sich an den Musiklehrer: „Tut Euer Bestes!"

„Nichts lieber als das!", antwortete Cléante begeistert. „Ich werde mit Eurer Tochter eine Art Stehgreifoper gestalten. Sie handelt von einem Schäfer und dessen Liebe zu einer Schäferin." Er warf Angélique einen vielsagenden Blick zu und reichte ihr einige Notenblätter. Keiner merkte, dass sie leer waren und dass Cléante in der Rolle des Schäfers seiner angebeteten Angélique seine Liebe gestand. Sie wiederum antwortete ihm als Schäferin. In den höchsten Tönen sangen die beiden von Liebe und Leidenschaft. Doch je länger das herzzerreißende Duett dauerte, desto mehr verfinsterte sich Herrn Argans Miene, bis es ihm schließlich zu viel wurde.

„Genug! Was für eine unanständige Oper!", rief er empört und schickte den Musiklehrer verärgert fort. „Kommen wir endlich zum Wesentlichen!" Er hüstelte. „Die

Verheiratung. Gebt Eurem Zukünftigen die Hand und schwört ihm ewige Treue", forderte er seine Tochter auf.

Angélique aber blickte ihn trotzig an. „Ich werde nur aus Liebe und nicht aus geschäftlichen Überlegungen heiraten", erklärte sie entschieden.

„Wie? Du gibst Widerworte?", Herr Argan war fassungslos und Angélique verließ mit hoch erhobenem Kopf den Raum.

„Entweder du heiratest", rief er ihr drohend hinterher, „oder du gehst ins Kloster!" Aber da war die Tür schon ins Schloss gefallen.

✳ ✳ ✳

Die Situation war schwierig und verfahren. Angélique blieb bei ihrer Weigerung und Herr Argan blieb bei seiner Entscheidung. Die Stimmung im Hause Argan war angespannt. Aber vielleicht konnte Béralde, der Bruder von Herrn Argan, etwas ausrichten? Das hatte sich Toinette, das umtriebige Dienstmädchen, überlegt und den Bruder zu Hilfe gerufen. Der saß nun schon seit Stunden am Krankenbett und versuchte, Herrn Argan mit Argumenten zu überzeugen. Vergeblich! Herr Argan ließ sich weder von seinen Heiratsplänen für Angélique abbringen noch von seinem bedingungslosen Glauben an die Ärzte und deren Verordnungen.

Doch dann machte er ungewollt einen verhängnisvollen Fehler. Als der Apotheker hereinstürmte, um ihm die verordnete Spritze zu geben, bat Herr Argan ihn, die Behandlung auf eine spätere Stunde zu verschieben. Hätte Herr Argan geahnt, welche Folgen das haben würde, er hätte geschwiegen.

„Ihr seid ein ungehorsamer Patient!", empörte sich der Apotheker und gleich darauf war auch der Arzt zur Stelle.

„Sich den Anordnungen seines Arztes widersetzen! Das ist unverzeihlich!", tönte er streng. „Ich werde Euch nicht weiter behandeln!" Drohend fuchtelte der Arzt mit dem Zeigefinger vor Herrn Argans Gesicht herum. „In allerkürzester Kürze werden Euch unheilbare Krankheiten befallen, die geradewegs in den Tod führen. Aber Ihr habt es ja nicht anders gewollt!" Vor Aufregung wackelte der hochrote Kopf des Arztes heftig hin und her und dann verließ er eilig, gefolgt vom Apotheker, das Zimmer.

Angst und Panik ergriffen Herrn Argan. „Verlassen!", jammerte er und fühlte sich noch schwächer und kränker. „Der Tod …", hauchte er entsetzt. „Ich spüre ihn schon, den nahenden Tod!"

Doch da kam unerwartet Hilfe. „Ein fremder Arzt wünscht Euch zu sprechen", meldete das Dienstmädchen.

„Lass ihn herein!", flüsterte Herr Argan kraftlos.

„Ich bin ein weit gereister Medicus", stellte sich der fremde Arzt kurz darauf mit besonders tiefer Stimme vor, denn es war niemand anderes als das verkleidete Dienstmädchen. „Ich kümmere mich ausschließlich um das Kurieren von besonderen Krankheiten. Von Euch habe ich schon viel gehört und wollte unbedingt einen so berühmten Kranken kennenlernen."

Herr Argan fühlte sich geschmeichelt und ließ sich bereitwillig den Puls fühlen.

„Keine Frage. Es liegt an der Lunge", erklärte das Dienstmädchen mit gewichtiger Arztstimme. „Ihr braucht eine Diät. Esst viel fettes Fleisch und trinkt ausreichend Wein. Pur natürlich!"

Herrn Argan lief das Wasser im Mund zusammen. Kein Wunder! Der Arzt hatte ihm gerade seine Lieblingsspeisen verordnet!

„Und noch etwas", sagte der Medicus. „Zur Verbesserung Eurer Gesundheit rate ich Euch, einen Arm amputieren zu lassen! Und damit Ihr auf dem linken Auge besser sehen könnt, wäre es gut, wenn Ihr Euch das rechte Auge ausstechen lasst!"

Dann verabschiedete sich der fremde Arzt und Herr Argan blieb verwirrt zurück. Sollte er diese medizinischen Weisungen wirklich befolgen oder waren sie nicht doch ein wenig …?

Die Worte seines Bruders holten ihn aus seinen Gedanken. Ungläubig schaute Herr Argan auf. „Wie bitte?", fragte er verstört.

„Eure Ehefrau", wiederholte Béralde, „spielt nur die Besorgte. Ihre Liebe ist geheuchelt! In Wahrheit ist sie nur hinter Eurem Geld her!"

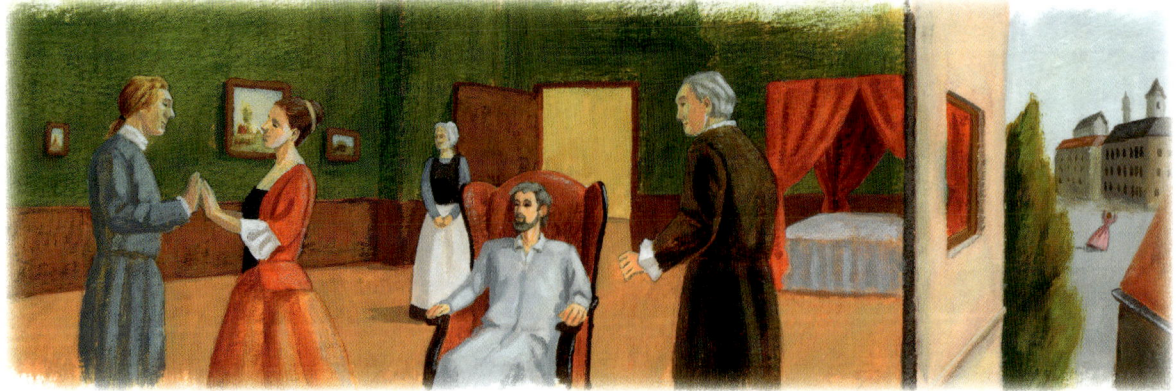

„Niemals!", ereiferte sich Herr Argan. „Béline ist die beste treu sorgende Gemahlin, die man sich vorstellen kann!"

„Da kann ich Herrn Argan nur beipflichten", tönte es von der Tür. Es war Toinette, die in ihrer Dienstmädchenkleidung ins Zimmer zurückgekehrt war. „Ich habe auch schon eine Idee, wie man Euren misstrauischen Bruder von der fürsorglichen Liebe Eurer Ehefrau überzeugen könnte."

Interessiert lauschte Herr Argan ihren Worten. Schließlich erklärte er sich dazu bereit, seine Ehefrau auf die Probe zu stellen und mitzuspielen.

Als kurz darauf Béline ins Zimmer kam, begann Toinette zu weinen. „Er ist tot! Oh wie schrecklich. Er ist tot!", jammerte sie und deutete auf Herrn Argan, der regungslos in seinem Sessel lag. Erwartungsvoll äugte sie zu Béline. Und es kam wie erwartet!

„Endlich bin ich ihn los!", rief diese erleichtert, „diesen lästigen, alten Langweiler! Diesen ewig hustenden Jammerlappen. Diesen nörgelnden Griesgram! Und endlich ist der Weg frei, an sein Geld zu kommen." Sie machte einige tänzelnde Schritte, als sich der Tote plötzlich bewegte. Schreiend ergriff sie die Flucht – und Toinette triumphierte. Doch es blieb keine Zeit zum Verschnaufen, denn nun kam Angélique ins Zimmer. Entschlossen drückte das Dienstmädchen Herrn Argan zurück auf sein „Totenlager".

„Wir wollen sehen, wie Eure Tochter auf Euren Tod reagiert", raunte sie ihm zu und begann wie zuvor zu jammern und zu heulen. Erschüttert ging Angélique auf den Sessel zu, in dem ihr Vater lag – regungslos und mit geschlossenen Augen. Das junge Mädchen brach in Tränen aus. Sie war so verzweifelt, dass sie gar nicht bemerkte, wie Cléante ins Zimmer trat. Er war zurückgekommen, denn er hatte sich entschlossen, um Angéliques Hand anzuhalten.

„Heiraten?", schluchzte Angélique. „Sprecht nicht mehr von Heirat. Angesichts meines verstorbenen Vaters würde ich am liebsten nicht mehr leben." Das junge Mädchen warf sich vor dem Sessel auf die Knie. Da hielt es der alte Argan nicht länger aus.

„Ich bin doch gar nicht tot", rief er, setzte sich auf und umarmte freudig seine Tochter.

Die Situation schien günstig und so brachte Cléante seinen Heiratsantrag vor. Und tatsächlich! Der alte Argan war bereit zuzustimmen. Doch nur unter einer Bedingung. „Ihr müsst Arzt werden!", fordert er.

„Wenn das genügt, Euer Schwiegersohn zu werden", antwortete Cléante hocherfreut und stimmte zu.

„Moment Mal", meldete sich der Bruder zu Wort. „Ich habe eine bessere Idee. Bruder, werdet selber Arzt! Dann findet Ihr alles, was Ihr braucht, bei Euch selbst! Und was ein Arzt wissen muss, das bekommt er, sobald er Robe und Doktorhut trägt. Mit solcher Kleidung wird alles Geschwätz zu Weisheit und jede Dummheit zu Vernunft."

„Was? Man kann bei allen Krankheiten mitreden, sobald man dieses Gewand anhat?", staunte Herr Argan. „Na, wenn das so ist, dann werde ich Arzt!"

„Gibt es denn gar kein Mittel, Euch von dieser Pest von Ärzten zu befreien; wollt Ihr Euer Leben lang unter ihren Rezepten begraben sein?"

BÉRALDE, Argans Bruder, 3. Aufzug, 4. Auftritt

Die Räuber

Eine Familientragödie und die Frage nach Recht und Unrecht
von Friedrich Schiller

Es treten auf

MAXIMILIAN VON MOOR, der alte Graf

KARL, sein ältester Sohn

FRANZ, der Zweitgeborene

AMALIA, Verlobte von Karl

DIE RÄUBERBANDE: Roller, Schweizer, Grimm, Razmann, Schufterle, Spiegelberg u. a.

Zeit und Orte

Mitte des 18. Jahrhunderts

Wechselnde Schauplätze in Deutschland und Böhmen: im Schloss,
im Wald, in einer Wirtsstube, auf einer Anhöhe

„Mein Geist dürstet nach Taten, mein Atem nach Freiheit."
KARL, 1. Akt, 2. Szene

Von Kummer gebeugt stand der alte Graf von Moor am Fenster und blickte in die Ferne. Es war still im Schloss geworden, seit Karl, sein Ältester, zum Studium ins ferne Leipzig gezogen war. Karl, ein kluger Kopf und bei allen beliebt, zupackend, aber auch hitzig. Ein Idealist und schnell zu verführen. Der alte Moor seufzte. Gar zu freizügig schien Karl das Studentenleben zu genießen. Energische Schritte holten den alten Mann aus seinen Gedanken. Es war Franz, der jüngere Sohn: klein, verschlossen, pockennarbig und ohne Begabungen – das ganze Gegenteil seines Bruders.

„Nachricht von Karl", meldete Franz mit harter, schneidender Stimme. Ungelenk zog er einen Brief aus der Tasche. Der Vater machte ihm ein Zeichen vorzulesen. Was der alte Moor dann zu hören bekam, erschütterte ihn zutiefst. Karl, sein geliebter Sohn, hatte sich nicht nur hoch verschuldet, sondern auch die Tochter eines Bankiers verführt und deren Verlobten in einem Duell getötet. Doch das war noch nicht alles! Karl war der Anführer einer Räuberbande geworden und wurde steckbrieflich gesucht. Erschüttert sank der alte Graf auf einen Stuhl.

„Der Name Moor entehrt!", stieß Franz mit gespieltem Entsetzen hervor. „Wer weiß, was er Euch noch antun wird."

Der Vater schwieg betroffen. Aber er wusste, dass er den Lieblingssohn, auch wenn es ihn noch so schmerzte, verstoßen musste. Zumindest vorübergehend. Das war eine notwendige erzieherische Maßnahme.

„Wenn Ihr wollt, nehme ich Euch diese Last ab." Kalt und berechnend blitzte es in den Augen von Franz. „Ich teile Karl Euren Entschluss in einem Brief mit."

Der alte Graf starrte ins Leere, dann nickte er kaum merklich und verließ gebückt den Saal.

Auf dem kantigen Gesicht von Franz machte sich ein höhnisches Lächeln breit. Der erste Teil seines Vorhabens war erfolgreich. Genüsslich zerriss er den gefälschten Brief, mit dem er den Vater getäuscht hatte. Als Nächstes musste er die schöne Amalia, die Verlobte seines Bruders, gegen Karl aufbringen. Er wollte sie haben,

koste es, was es wolle. Und er würde sie bekommen! Als sich Franz zum Gehen wandte, bemerkte er Amalia, die gerade den Saal betreten hatte. Sie kam auf ihn zu und warf ihm voller Verachtung den Blumenstrauß vor die Füße, den er ihr hatte zukommen lassen.

„Oh! Wie treu bist du doch deinem Karl zugetan!", höhnte Franz und bemühte sich um ein Lächeln. „Aber verdient hat er's nicht. Den Ring, den du ihm als Treuepfand gegeben ... nun, der steckt jetzt am Finger einer Dirne."

Im ersten Augenblick war Amalia verunsichert, doch dann blickte sie Franz herausfordernd an. „Du bist ein Heuchler, ein schamloser Lügner!", stieß sie voller Verachtung hervor.

Blitzartig verschwand das Lächeln auf Franz' Gesicht. „Du wirst noch vor mir zittern!", quetschte er wütend hervor und verließ eilig den Saal.

Es war nicht viel los in dem Gasthaus, das sich nahe der Grenze zu Sachsen befand. Nur ein stattlicher, junger Mann saß alleine an einem der Holztische. Nervös kippte er Wein in sich hinein und schaute immer wieder zur Tür. Karl Moor wartete auf seine Kumpanen. Vor allem aber wartete er auf Post. Wie würde der Vater auf seinen Brief reagieren, in dem er ihn um Vergebung gebeten hatte? Ja, er hatte Fehler gemacht, hatte zügellos gelebt – und das bereute er jetzt aufrichtig.

Endlich ging die Tür auf. Fünf junge Männer kamen herein und sofort erfüllte lebhaftes Schwatzen die stille Wirtsstube. „Post für dich!", rief einer der Freunde und schwenkte einen Brief.

Hastig griff Karl nach dem Umschlag, stutzte einen Moment, als er die Handschrift des Bruders erkannte, riss den Umschlag auf, las und wurde kreidebleich. „Verstoßen. Für immer und ewig", murmelte Karl fassungslos und ließ den Brief sinken. „Mein Vater hat mich verstoßen. Teilt mir mein Bruder mit."

„*Ein zuckersüßes Brüderchen!*", entfuhr es einem der Freunde. „*In der Tat! – Franz heißt die Kanaille.*"

„Wie sehr man sich irren kann. Wie hartherzig sind Menschen doch!" Karl lachte bitter auf. „Ein Vater, der weder Reue noch die Bitte um Vergebung annimmt! Ha, was für eine Vaterliebe!" Enttäuscht und verletzt sackte Karl in sich zusammen und versank in düstere Gedanken.

Da erhob sich einer der Kameraden: Spiegelberg, ein großer, hagerer Mann. „Freunde! Es ist an der Zeit, dass wir uns von alten, morschen Banden lösen. Schaut den Tatsachen ins Gesicht! Wir haben nichts zu verlieren." Mit wild funkelnden Augen blickte er in die Runde. „Unsere Lage ist aussichtslos. Wofür sich abrackern, schuften? Als Soldat Kopf und Leben riskieren für einen mächtigen Herrn? Niemals!", rief er euphorisch. Dann fuhr er in beschwörendem Ton fort: „Schaut euch die Mächtigen in diesem Land an: Könige, Kurfürsten, Kirchenherren! Sie beuten ihre Untertanen skrupellos und selbstgerecht aus. Also, rafft euch auf! Wir holen uns, was wir brauchen. Wir gehen als Räuberbande in die böhmischen Wälder. Für ein neues, freies Leben!"

Aufmerksam hatten alle außer Karl die reißerische Rede ihres Kumpanen verfolgt und wussten nicht, was sie sagen sollten. Schließlich ergriff einer das Wort. „Wenn ich's mir überlege, Spiegelberg, du hast recht! Und tun wir nicht den reichen Herrschaften einen Gefallen, wenn wir sie ein wenig um ihr Hab und Gut erleichtern? Wie viel besser schläft es sich, wenn man nicht mehr um es bangen muss, nicht wahr?"

„Jawohl! Für die Gerechtigkeit!", rief ein anderer.

„Für die Gerechtigkeit!", tönte es vielstimmig durch die Wirtsstube. „Und Karl muss unser Hauptmann werden!" Alle Augen waren auf den jungen Mann gerichtet, der noch immer schweigend unter ihnen saß.

„Ohne dich, Karl, sind wir wie ein Leib ohne Seele. – Los Karl, schlag ein!", drängten die Kameraden. Und Karl war es, als würden die Worte der Freunde ihm die Augen öffnen.

„Ihr habt recht. Ich habe keinen Vater mehr, ich habe keine Liebe mehr, und Blut und Tod soll mich vergessen lehren, dass mir jemals etwas teuer war! Ich bin euer Hauptmann!", rief er leidenschaftlich in die Runde.

„Freunde bis in den Tod!", antworteten die anderen inbrünstig.

Während Karl Moor sich für ein Leben als Räuber entschieden hatte, verfolgte sein Bruder Franz skrupellos sein Ziel. Er wollte Herr über die Grafschaft von Moor werden – und zwar so schnell wie möglich. Dafür musste er den Vater und seinen Bruder aus dem Weg räumen. Franz hatte schon einen teuflischen Plan.

Eines Tages erschien ein als Bote verkleideter Mann am Bett des alten Grafen, der schon seit Längerem kränkelte. Als der alte Moor hörte, dass sein Sohn Karl als Soldat im Kampf gefallen sei, verlor er die Besinnung und sank leblos in sich zusammen. Wie geplant hatte der stark geschwächte Vater die schreckliche Nachricht nicht verkraftet. Weniger erfolgreich war Franz bei Amalia. Sie begegnete ihm noch immer mit Verachtung und Hass. Aber er war entschlossen, sie für sich zu gewinnen – freiwillig oder mit Gewalt.

Karl, der nichts von den Vorgängen im väterlichen Schloss ahnte, machte mit seiner Räuberbande die Wälder Böhmens unsicher. Überfälle, Raub und Diebstahl waren sein täglich Brot. Er konnte nichts Verwerfliches darin sehen, denn schließlich nahmen sie den Wohlhabenden nur ab, was diese sich auf Kosten anderer angeeignet hatten. Doch dann geriet einer seiner besten Freunde in die Fänge der Justiz und wurde zum Tode verurteilt. Als Karl davon hörte, zögerte er keinen Augenblick und zog mit einem kleinen Trupp los, um den Freund – koste es, was es wolle – vor dem Galgen zu retten.

Als die Truppe nach einigen Tagen mit dem befreiten Freund zurückkehrte, wurde Karl jubelnd empfangen. Neugierig scharten sich die Männer um die Rückkehrer: „Na los, erzählt! Wie habt ihr das geschafft?"

Sogleich begann ein Kleiner mit Augenklappe stolz zu berichten, wie sie auf Geheiß des Hauptmanns in der ganzen Stadt Feuer gelegt hatten. „An dreiunddreißig Stellen brannte es. Hey! Welch ein Geheul und Geschrei", jubelte er und ein anderer setzte noch oben drauf: „Dreiundachtzig hat's erwischt! Aber wenn's wenigstens Männer gewesen wären." Verächtlich verzog er das Gesicht. „Nur Wickelkinder, Alte, Sieche und hochschwangere Weiber, die es nicht mehr aus dem Haus geschafft haben."

Da trat auf einmal Karl in die Runde. „Erbärmlicher! Fort mit dir!", stieß er angewidert hervor. „Einen wie dich will ich nicht länger in meiner Bande haben!"

Alle verstummten betroffen. Was war nur in ihren Hauptmann gefahren? Keiner wagte sich zu rühren. Da durchbrach ein alarmierender Ruf die Stille. „Reiter, Soldaten, etliche Tausend! Wir sind umzingelt." Entsetzen, Furcht und Hoffnungslosigkeit ergriffen die Räuber. Keine Frage, das würde ihr Ende sein.

Doch es kam anders. Plötzlich tauchte ein Kommissar auf und bot der Räuberbande freies Geleit, wenn sie ihren Hauptmann ausliefern würden.

„Niemals!", schallte es vielstimmig über die Lichtung. „Wir sind doch keine Verräter! Auf in die Schlacht!" Und bald darauf zog Karl mit seinen Leuten wild entschlossen in den aussichtslosen Kampf. Der Vorfall hatte die Räuberbande zusammengeschweißt und ihren Kampfgeist neu entfacht. Denn trotz der feindlichen Übermacht gelang es ihnen nach einem kurzen, heftigen Kampf, die Umzingelung zu durchbrechen und zu fliehen.

Am frühen Abend erreichten Karl und seine Leute erschöpft eine Anhöhe nahe der Donau. Hier schlugen sie ihr Lager für die Nacht auf. Karl setzte sich abseits der anderen unter einen Baum. Trotz des Sieges war er sehr bedrückt, denn der Freund, den er gerade vom Galgen gerettet hatte, war bei der Flucht tödlich verletzt worden. Karl atmete schwer. Wohin sollte das alles noch führen? Dieses Räuberleben! Es war nicht gut. Es brachte nur Leid und Schmerz! Karls Blick schweifte über die Landschaft, die gerade von der untergehenden Sonne in ein sanftes, friedliches Licht getaucht wurde. Erinnerungen an seine Heimat, den Vater und das Schloss seiner Kindheit stiegen in ihm auf – und eine große Sehnsucht nach Amalia, seiner Verlobten, überwältigte ihn. Amalia, die er ohne Abschied zurückgelassen hatte. Auf einmal stand sein Entschluss fest: Er musste sie noch einmal sehen! Ein allerletztes Mal. Noch am selben Abend brach Karl mit seinen Kumpanen Richtung Franken auf. In sieben Tagen würden sie das väterliche Schloss erreicht haben.

✳ ✳ ✳

Ein warmer Sommertag neigte sich dem Ende zu und Amalia spazierte in Gedanken versunken durch den Garten des Moor'schen Schlosses. Vieles hatte sich verändert. Seit dem Tod des alten Grafen war Franz der Herr im Schloss. Amalia hielt auf eine Bank zu, die von duftenden Rosen umrankt war. Hier hatte sie früher oft mit Karl gesessen. Hier hatten sie sich ewige Liebe geschworen. Aber nun verstand sich Amalia selbst nicht mehr. Der fremde Graf, der vor ein paar Tagen ins Schloss gekommen war – sie fühlte sich auf beunruhigende Weise zu ihm hingezogen. Gleich am ersten Tag hatte sie eine eigentümliche Vertrautheit gespürt und ihm sogar von ihrer gro-

ßen, unerfüllten Liebe erzählt: von Karl, der nicht mehr lebte.

Traurig ließ sich Amalia auf der rosenumrankten Bank nieder. Egal was geschehen würde, sie hatte einen Entschluss gefasst. In wenigen Tagen würde sie in ein Kloster eintreten. Denn Franz würde sie niemals heiraten!

Kies knirschte – und Amalia schaute auf. Es war der fremde Graf. Er kam auf sie zu und eine eigenartige Freude überkam sie. „Darf ich mich zu Ihnen setzen?" Sie spürte, wie sie errötete, und senkte verlegen den Blick.

Wie schön sie doch ist! Wie zart und zerbrechlich, dachte Karl, als er neben Amalia saß. Sie hatte ihn genauso wenig wie die anderen erkannt, als er sich vor einigen Tagen als Graf von Brand im Schloss vorgestellt hatte. Der Vollbart, eine andere Haarfarbe, die sonnengegerbte Haut und eine verhaltene, etwas heisere Stimme waren seine Tarnung. Als er dann am ersten Tag Amalia gegenüberstand, war es ihm nur mit allergrößter Mühe gelungen, seine aufwallenden Gefühle zu verbergen. Inzwischen hatte er sich entschieden, seinem früheren Leben und damit auch Amalia ein für alle Mal den Rücken zu kehren. Noch ein allerletztes

Mal wollte er die einstige Verlobte sehen. Doch als er nun neben ihr saß, ihre Nähe und Wärme spürte, loderten Erinnerungen an gemeinsame Stunden in ihm auf. Immer größer und mächtiger wurde Karls Sehnsucht und plötzlich schlang er stürmisch seine Arme um die zarte Frauengestalt. Amalia wusste nicht, wie ihr geschah, und sank in seine Arme. Ihre Lippen vereinigten sich in einem innigen Kuss. Dann riss sich Karl los, legte der jungen Frau einen funkelnden Diamantring in die Hand und verließ fluchtartig den Schlossgarten. Amalia starrte auf den Ring. Den hatte sie Karl einst als Zeichen ihrer Liebe geschenkt. „Karl!", flüsterte sie fassungslos und wurde ohnmächtig.

✳ ✳ ✳

Karl gab seinem Pferd die Sporen. Im wilden Galopp hielt er auf den Wald zu, in dem seine Leute bei einem alten zerfallenen Schlossturm lagerten. Als er aufgewühlt und schweißnass den Lagerplatz erreichte, hatten sich seine Kumpanen bereits zum Schlafen auf dem Waldboden ausgestreckt. Leises Schnarchen war zu hören und hin und wieder der Ruf einer Eule oder eines Käuzchens. Karl ließ sich

abseits von den anderen auf dem weichen Moos nieder. Er konnte nicht einschlafen und starrte in die mondhelle Nacht. Gewissensbisse plagten ihn. Alles erschien ihm so sinnlos und er spielte mit dem Gedanken, seinem Leben ein Ende zu setzen. Plötzlich war er hellwach und lauschte in die Dunkelheit. Äste knackten, Laub knirschte. Eine Männergestalt näherte sich und hielt auf den alten verfallenen Turm zu. Karl sprang auf und versperrte dem Mann mit gezogener Pistole den Weg. „Halt! Stehen bleiben!", rief er – und dann erstarrte Karl. Aus dem zerfallenen Turm war eine brüchige, krächzende Stimme zu hören. War das Spuk? Als er die rostige Tür des alten Gemäuers aufgebrochen hatte, wankte ein bis auf die Knochen abgemagerter Greis heraus.

„Ihr habt mich gerettet! Dank sei Euch", murmelte der völlig entkräftete Alte. Der Mond erhellte die erbärmliche und übel riechende Gestalt – und Karl erschrak. Das Herz schlug ihm bis zum Hals, denn vor ihm stand der tot geglaubte Vater.

Erschöpft ließ sich die elende Gestalt auf einem Baumstumpf nieder und begann langsam und stockend zu erzählen: „Es war vor drei Monaten, dass mein Sohn Franz mich in diesem Turm eingesperrt hat. Um an die Macht zu kommen. Wäre er nicht gewesen", der alte Graf wies mit zittrigen Fingern auf den Mann, den Karl zuvor mit der Pistole aufgehalten hatte, „ich wäre tot. Er hat mir immer wieder etwas zu essen gebracht." Der alte Moor ließ den Kopf in seine Hände sinken. „Der eigene Sohn lässt den Vater verhungern!", murmelte er leise.

Karl hatte genug gehört. Mit einem Pistolenschuss weckte er seine Leute und beauftragte die Besten von ihnen, zum Schloss zu reiten und den Grafen Franz Moor herbeizuschaffen. „Und krümmt ihm kein Haar. Lebendig will ich ihn, denn ich habe noch ein Hühnchen mit ihm zu rupfen."

Es war schon weit nach Mitternacht, als Karls Männer im wilden Galopp auf das Moor'sche Schloss zuritten. Die herrschaftlichen Gemächer waren hell erleuchtet.

Franz war kurz zuvor zitternd aus einem fürchterlichen Albtraum aufgeschreckt und hatte angeordnet, seine Gemächer mit Kerzen und Fackeln zu erhellen. Dann meldete ein Diener, dass sich eine Horde grimmig aussehender Männer dem Schloss näherte. Da hallten auch schon Schüsse durch die Nacht. Morddrohungen wurden gegrölt. Degen und Schwerter rasselten kampfeslustig. Panik ergriff Franz, als das Eingangstor laut donnernd aufgesprengt wurde. Aber Flucht war sinnlos. Beten lächerlich. Steine und brennende Fackeln flogen, Fensterscheiben klirrten und voller Entsetzen sah Franz, dass das Schloss bereits an mehreren Stellen brannte. Das wilde Geschrei der Männer kam immer näher. Da wusste er sich keinen anderen Rat mehr …

Als Karls Männer die Tür des Schlafgemaches eintraten, fanden sie einen leblosen Körper: Franz hatte seinem Leben selbst ein Ende gesetzt. Die Männer beschlossen umzukehren. Zurück blieb ein lichterloh brennendes Schloss; am Morgen würde es nur noch Schutt und Asche sein.

Kurz bevor Karls Männer das Lager erreichten, bemerkten sie eine gespenstisch aussehende Gestalt. Eine junge Frau irrte im wehenden Nachtgewand durch den Wald. Die Haare hingen ihr wild ins Gesicht. Als sie die Männer erblickte, ergriff sie die Flucht und rannte geradewegs auf den verfallenen, alten Turm zu. Dort saßen noch immer Karl und sein Vater. Der alte Graf machte sich bittere Vorwürfe, weil er seinen ältesten Sohn einst verstoßen hatte, und gab sich die Schuld an dessen Tod. Karl war hin- und hergerissen. Sollte er sich zu erkennen geben? Dein Sohn Karl lebt, hätte er ihm am liebsten zugerufen. Hier steht er. Aber er ist ein Räuber, ein Mörder geworden. Nein! Karl presste die Hand auf den Mund. Das würde dem Vater das Herz brechen. Plötzlich löste sich aus der Dunkelheit des Waldes eine weiß gewandete Gestalt und stürmte mit wehenden Haaren auf den alten Grafen zu. „Ihr lebt!", rief sie überglücklich und umarmte den alten Mann.

„Amalia!", stammelte Karl entsetzt.

„Oh Karl! Geliebter Karl. Wonne des Himmels. Ich habe dich wieder", rief die junge Frau. Sie fiel ihm schluchzend um den Hals und bedeckte sein Gesicht mit Küssen.

Ungläubig starrte der alte Graf auf das Paar. Sollte dieser wild aussehende, bärtige Mann, dieser Räuber, wirklich Karl, sein Lieblingssohn, sein? Ein heiserer Aufschrei entwich seinem Mund und dann sank er in sich zusammen. Stumm blickten alle auf den toten Grafen.

„Egal, was du getan hast, ich liebe dich!", flüsterte eine traurige, liebevolle Stimme Karl ins Ohr und ein zarter Körper schmiegte sich an ihn.

„Sie vergibt mir. Sie liebt mich!", murmelte Karl fassungslos und schlang seine Arme um Amalia. „Nun wird alles gut. Wir haben uns wieder", seufzte er glücklich. Eng umschlungen standen die beiden da und waren so versunken in ihr Glück, dass sie nicht merkten, wie sich eine Schar Männer aus dem Schatten löste. Langsam und drohend kamen sie näher. Wie eine gefährliche Gewitterfront zogen sie heran.

„Verräter!", rief plötzlich einer laut und wütend und andere stimmten ein. „Karl Moor! Hast du deinen Treueschwur vergessen?", dröhnte eine gewaltige Stimme. „Dass du für immer unser Hauptmann sein wirst?"

„Haben wir nicht all die Jahre deine Befehle treu und ergeben ausgeführt?", fragte ein anderer anklagend. „Haben wir uns nicht deinem Kommando anvertraut und dabei immer wieder unser Leben riskiert? Da! Schau sie dir an, die Wunden, die wir, dir treu ergeben, davongetragen haben!" Einige der Räuber rissen sich ihre Kleider vom Leib.

Alle Freude, alles Glück war aus Karl gewichen. Er löste sich aus der Umarmung und wandte sich mit ausdruckslosem Gesicht seinen Männern zu. Ja, sie hatten recht. Er hatte ihnen ewige Treue geschworen. Er konnte sie nicht einfach verlassen. Da fiel Amalia vor ihm auf die Knie. „Verlass mich nicht erneut! Das halte ich nicht aus. Dann sterbe ich lieber! – Tötet mich!", rief sie verzweifelt den Männern zu, die ihr gegenüberstanden. Einer von ihnen hatte schon seine Pistole gezogen, als Karl ihn beiseite stieß: „Finger weg! *Moors Geliebte soll nur durch Moor sterben!*"

Dann hallte ein einsamer Schuss durch die nächtliche Stille. Mit regungsloser Miene starrte Karl auf Amalias leblosen Körper. Ein schier unerträglicher Schmerz, eine grenzenlose Verzweiflung ergriffen ihn und dann wusste er, dass es für ihn nur noch den Tod gab. So konnte und wollte er nicht weiterleben. Er würde sich dem Gericht stellen.

„O über mich Narren, der ich wähnete die Welt durch Gräuel zu verschönern und die Gesetze durch Gesetzlosigkeit aufrechtzuhalten!"

KARL, 5. Akt, 2. Szene

Romeo und Julia

Tragische Geschichte um Liebe und Hass
von *William Shakespeare*

Es treten auf

ROMEO, Sohn von Graf und Gräfin Montague

BENVOLIO, Romeos Cousin und bester Freund

JULIA, Tochter von Graf und Gräfin Capulet

TYBALD, Cousin von Julia

PRINZ VON VERONA

MERCUTIO, Verwandter des Prinzen von Verona und Romeos Freund

BRUDER LORENZO, ein Mönch

Orte und Zeit
Verona und Mantua, zwei italienische Städte im 16. Jahrhundert

„Doch Leidenschaft gibt Kraft, Zeit weist die Wege,
der Liebe Süße schwächt die schlimmsten Schläge."

DER CHOR, Prolog zum 2. Aufzug

Schon wieder hatte es mitten auf einem belebten Platz in der Stadt einen bewaffneten Streit zwischen den Capulets und den Montagues gegeben! Am helllichten Tag waren Angehörige der beiden verfeindeten Familien mit Waffen aufeinander losgegangen. Zum Glück war der Prinz von Verona dazugekommen und hatte den Kämpfen ein Ende gesetzt. Verärgert über den ständigen Unfrieden, den die beiden Familien in der Stadt stifteten, verhängte er für zukünftige Vorfälle dieser Art die Todesstrafe.

Der Prinz von Verona, die Streitenden und die aufgebrachte Menge hatten sich zurückgezogen. Auch Benvolio, der vergeblich versucht hatte, den Kampf zu verhindern, wandte sich zum Gehen, als er seinen Freund und Cousin Romeo sah. Niedergeschlagen und bedrückt kam er näher, bleich und fahl das schöne Gesicht. Benvolio kannte den Grund. Romeo war verliebt in Rosalinde. Das Mädchen aber wollte nichts von ihm wissen.

„Du musst sie vergessen!", beschwor Benvolio den Freund. „Vergiss, an sie zu denken!"

„*So lehre mir, das Denken zu vergessen*", antwortete Romeo bitter und blickte schwermütig in die Ferne. „Nein, *Vergessen lehrst du mir nie!*", sagte er schließlich. Schweigend spazierten die Freunde weiter durch die engen Gassen der Stadt, als auf einmal ein kleiner, dicker Mann auf sie zueilte.

„Oh, der feine Herr", wandte er sich an Romeo. „Seid Ihr vielleicht des Lesens kundig?" Der Dicke hielt Romeo einen großen Zettel unter die Nase. „Bin nicht Leser, nicht Schreiber, nicht Schneider – bin Diener. Einfach nur ein einfacher Diener." Er deutete mit seinem wurstigen Zeigefinger auf das Papier. „Die alle soll ich für heute Abend zum großen Festessen bei meinem Herrn einladen. Aber wie? Wie

nur?", rief der Mann und schaute Romeo ratlos aus seinen Schweinsäuglein an. „Wie soll ich die Namen wissen, wenn ich nicht lesen kann?"

Romeo nahm das Papier, las die Namen vor und stockte. Rosalinde! Der Name seiner Angebeteten stand auch auf der Einladungsliste. „Wer ist denn dein Herr?", erkundigte sich Romeo, bemüht, seine Aufregung zu verbergen.

„Der große, reiche Capulet", erwiderte der kleine Dicke und nahm Romeo die Einladungsliste aus der Hand. „Und wenn Ihr nicht von den Montagues seid, dann kommt doch heute Abend auf ein Glas Wein vorbei", rief er und eilte davon.

„Keine schlechte Idee", meinte Benvolio. „Lass uns hingehen. Deine Rosalinde wird auch beim Fest sein und so kannst du sie in Ruhe mit den anderen Schönen der Stadt vergleichen. Ich habe nämlich den Eindruck, dass dein Schwan eine Krähe ist."

„Niemals! Es gibt keine Schönere als sie!", widersprach Romeo heftig. Nach einigem Zögern willigte er jedoch in den Vorschlag des Freundes ein.

Am Abend machte er sich mit seinen Freunden Mercutio und Benvolio auf den Weg zum Fest. Kurz bevor sie das prächtige Haus der Capulets erreichten, blieb Romeo stehen. „Mir ist nicht wohl bei der Sache", sagte er ernst.

„Ach, wir tanzen nur ein bisschen, amüsieren uns und dann gehen wir wieder", beruhigte ihn Benvolio und drückte Romeo eine Maske in die Hand. „So wird uns niemand erkennen."

Benvolio und Mercutio hatten ihre schwarzen Samtmasken bereits aufgesetzt, als Romeo noch immer unschlüssig dastand. „Letzte Nacht hatte ich einen schrecklichen Traum", murmelte er. „Er handelte von meinem Tod …"

„Ach, Träume!", rief Mercutio verächtlich. „Nichts als Kindereien! Grillen! Gebilde der Fantasie!"

„Lasst uns endlich feiern gehen!", drängte Benvolio.

Das Fest war bereits im vollen Gange, als die drei Freunde ankamen. Beschwingte Musik tönte durch das ganze Haus und im prächtig geschmückten Festsaal wurde getanzt und gelacht, geplaudert und gescherzt. Herzlich hieß Graf Capulet die drei maskierten Gäste willkommen und Benvolio und Mercutio stürzten sich sofort ins Tanzvergnügen.

Romeo blieb abwartend in einer Ecke des Saals stehen. Sein Blick fiel auf ein junges Mädchen, das sich leicht wie eine Feder im Tanze drehte. Er konnte den Blick nicht von ihr abwenden. Sie war wunderschön! Wie gebannt schaute er ihr zu. Als der Tanz zu Ende war und sie zum Fenster ging, um etwas Luft zu schöpfen, konnte er nicht anders. Wie magisch angezogen näherte er sich dem Mädchen mit dem engelsgleichen Gesicht, den kirschroten Lippen und den leuchtenden Augen. Als sie sich ihm zuwandte und sein Lächeln erwiderte, war er wie vom Blitz getroffen. Lang und tief blickten sich beide in die Augen und sie ließ es geschehen, dass er zärtlich ihre Hände nahm; ließ es geschehen, dass sein Gesicht näher kam, so nah, dass sie seinen heißen Atem spürte. Dann legten sich seine Lippen sanft und scheu auf die ihren. Ihr Herz klopft wild. Sie wusste nicht, wie ihr geschah, und auch Romeo hatte

alles um sich herum vergessen. Es war, als gäbe es inmitten des Festtrubels nur sie und ihn. Es war wie ein Rausch, der die beiden ergriffen hatte.

Keiner der beiden merkte, dass Tybald, ein streitsüchtiger junger Mann aus der Familie Capulet, in ihrer Nähe war. Sie ahnten nicht, dass er Romeo, den Sohn der verfeindeten Familie Montague, erkannt hatte.

„Julia, Eure Mama sucht Euch", rief eine wohlbeleibte, ältere Frau und kam auf sie zu. Das Mädchen errötete und huschte davon.

„Verzeiht!" Romeo hielt die Frau zurück. „Wer ist die Mutter dieses Mädchens?"

„Die Gräfin Capulet. Und ich bin ihre Amme!", erklärte die Alte stolz und ging.

Romeo stand wie versteinert da. Das Mädchen, in das er sich verliebt hatte, war aus der Familie, mit der die seinige seit Jahr und Tag verfeindet war. Er liebte eine Feindin!

Vertraute Stimmen holten ihn aus seinen Gedanken. Die Freunde drängten zum Aufbruch und Romeo folgte ihnen benommen.

Als sie gerade das Haus der Capulets verlassen hatten, rannte Romeo plötzlich los: die enge Gasse hinunter, um die Ecke und dann kletterte er über die Mauer des Gartens, der zum Haus der Capulets gehörte. Er konnte noch nicht Abschied nehmen von jenem Ort, an dem sich die schöne Julia befand. Außer Atem stand er in dem dunklen Garten und hörte die Rufe der Freunde, die ihn suchten. Er schwieg und wartete. Irgendwann war nur noch entfernte Musik aus dem Festsaal, das Zirpen der Grillen in der warmen Sommernacht und sein klopfendes Herz zu hören. Er versteckte sich hinter einem Baum und blickte gebannt auf das hell erleuchtete Haus, in dem er gerade ein unglaubliches Glück erlebt hatte.

Plötzlich erschien eine grazile Gestalt auf dem Balkon im ersten Stock. Sein Herz klopfte heftiger. Es war Julia, die dem Mond und den Sternen ihr Leid klagte. Auch sie wusste inzwischen von ihrer Amme, wer der junge Mann war, in den sie sich Hals über Kopf verliebt hatte.

„O Romeo, warum denn Romeo?", flehte sie leise in die Nacht. „Entsage deinem Namen; schwöre mir nur deine Liebe, und ich will keine Capulet mehr sein."

Als Romeo ihre Worte hörte, trat er aus dem Schatten des Baumes und gab sich zu erkennen.

Julia erschrak fürchterlich, doch gleichzeitig war sie freudig überrascht. „Weißt du nicht, wie gefährlich es für dich ist, an diesem Ort zu sein?", flüsterte sie. „Wenn einer meiner Cousins dich hier findet, werden sie dich umbringen!"

„Ich konnte nicht anders. Die Liebe wies mir den Weg", erwiderte Romeo.

Ihr wurde glühend heiß. Romeo suchte trotz aller Gefahren ihre Nähe! Sollte er sie lieben? Wirklich lieben? Zärtliche Worte flatterten zwischen Garten und Balkon hinauf und herunter; schließlich beugte sich Julia weit über die Brüstung.

„Wenn es dir ernst ist", flüsterte sie, „dann lass uns heiraten. Aber übereile nichts! Überleg es dir gut. Ich schicke dir morgen früh meine Amme. Sie wird mir deine Antwort bringen. Jetzt gute Nacht! Ich kann nicht länger bleiben. Man ruft mich. Gute Nacht! Tausend Mal gute Nacht."

Dann war es still, das Fenster geschlossen und Romeo stand fassunglos vor Glück in dem dunklen Garten. Den Rest der Nacht irrte er wie im Rausch durch die Gassen der Stadt und als der Morgen anbrach, eilte er ins Kloster zu Bruder Lorenzo. Ihm erzählte er, was geschehen war, und bat den Pater, Julia und ihn zu vermählen.

„Du scheinst mir ein rechter Flattergeist zu sein!", stellte der Pater fest. „Bis gestern warst du noch unsterblich in Rosalinde verliebt und jetzt gilt all deine Zuneigung einer anderen, die du schon heute Nachmittag heiraten willst!" Der Klosterbruder runzelte die Stirn. Doch Romeo beschwor ihn inständig und sprach so leidenschaftlich von seiner Liebe, dass Pater Lorenzo schließlich einwilligte. Vielleicht würde diese Heirat endlich den Streit zwischen den beiden Familien beilegen?

„Richte Julia aus, sie soll am Nachmittag zur Beichte zu Pater Lorenzo kommen. Dann findet die Vermählung statt", hatte Romeo der Amme gesagt, die Julia zu ihm geschickt hatte.

Und Julia kam. Am späten Nachmittag waren sie ein Paar und beide fieberten der Hochzeitsnacht entgegen. „Mit einem Seil werde ich heute Abend zu dir ins Zimmer klettern", versprach Romeo seiner frisch Angetrauten und dann nahmen sie Abschied voneinander.

Beschwingt machte sich Romeo auf den Nachhauseweg, als er aus einer Gasse aufgeregte Stimmen hörte. Als er näher kam, sah er seine Freunde Benvolio und Mercutio. Ihnen gegenüber stand angriffsbereit Tybald, Julias Cousin.

Als dieser Romeo erblickte, verfinsterte sich sein Gesicht. „Genau dich such ich, Schurke!", rief er, zog seinen Degen und ging drohend auf Romeo zu. Der versuchte, den anderen zu beschwichtigen, und erinnerte ihn an das Kampfverbot des Prinzen von Verona. „Feige Memme!", spottete Tybald und kam näher.

„Du willst wohl unbedingt raufen, du Ratzenfänger!", ereiferte sich Mercutio und stellte sich ihm mit gezogenem Degen in den Weg. Im Handumdrehen war ein heftiger Kampf entbrannt und vergeblich versuchte Romeo, die beiden Gegner auseinanderzubringen. Sie hieben und stießen aufeinander ein, bis Mercutio tödlich getroffen zu Boden sank. Überwältigt vom Schmerz und der Wut über den Tod des Freundes war Romeo wie von Sinnen. Er zog seinen Degen, ging auf Tybald los und hieb mit Wucht auf ihn ein. Erst als Tybald leblos vor ihm lag, erwachte Romeo wie aus einem bösen Traum. „Was hab ich getan? *Weh mir, ich Narr des Glücks!*", murmelte er entsetzt. Er hatte nicht nur Julias Cousin getötet, sondern auch einen, mit dem er durch die heimliche Heirat nun verwandt war.

Wie aus weiter Ferne drangen Benvolios Worte an sein Ohr: „Flieh! Du musst fliehen! Sonst wird man dich zum Tode verurteilen."

Und Romeo floh. Es gab nur einen Ort in Verona, wo er sicher war: das Kloster von Pater Lorenzo. Als Romeo bei ihm ankam, musste er erfahren, dass ihn der Prinz von Verona zur Strafe für immer aus der Stadt verbannt hatte. Verzweiflung ergriff ihn: „Verbannt von dem Ort, an dem Julia ist! Das halte ich nicht aus. Da ist mir der Tod lieber!"

Als Romeo seinen Degen zog, griff der Pater ein. „Du Tor! Du liebesblinder, unvernünftiger Narr!", wies er den Verzweifelten zurecht. „Die Lage ist nicht so hoffnungslos, wie du meinst. Hör zu! Du bringst dich in Mantua in Sicherheit. Eine Weile wirst du dort bleiben müssen, aber es kommt die Zeit, da du in die Arme deiner Gemahlin zurückkehren kannst."

Allmählich beruhigte sich Romeo. „Aber wird sie mich, den Mörder ihres Cousins, denn überhaupt noch lieben können?", fragte er bange.

„Sie wird es, wenn sie erfährt, wie es geschehen ist." Es dauerte eine Weile, bis es Pater Lorenzo gelang, Romeo zu ermutigen, die Hochzeitsnacht wie beschlossen mit Julia zu verbringen und dann für eine Zeit lang nach Mantua zu gehen.

„Aber vor Anbruch des Tages musst du die Stadt verlassen haben!", warnte er Romeo. „Wenn man dich in Verona erwischt, droht dir die Todesstrafe."

Im Schutz der Dunkelheit machte sich Romeo auf den Weg zu seiner Hochzeitsnacht.

✳ ✳ ✳

Es war der Ruf eines Vogels, der Romeo am nächsten Morgen weckte. Erschrocken setzte er sich im Bett auf.

„Bleib noch!", flüsterte Julia neben ihm. „*Es war die Nachtigall und nicht die Lerche.*" Sie zog ihn sanft zurück ins Bett. „*Das Licht ist nicht des Tages Licht*", schwindelte sie und schlang zärtlich ihre Arme um Romeo, der nur zu gerne blieb. Doch dann war es nicht mehr zu übersehen. Es war taghell und draußen kamen Schritte näher. Hastig nahm das Paar Abschied und im letzten, im allerletzten Augenblick kletterte Romeo aus dem Fenster. Da ging auch schon die Tür auf und Julias Mutter stand im Zimmer.

„Kind, du grämst dich zu sehr über den Tod deines Cousins Tybald", sagte die Gräfin, als sie die Tränen in den Augen ihrer Tochter sah. „Zu viel der Trauer ist nicht gut." Sie lächelte ihrer Tochter aufmunternd zu. „Deswegen haben dein Vater und ich beschlossen, dich zu verheiraten."

Julia bemühte sich, ihren Schrecken, so gut es ging, zu verbergen, denn schon am übernächsten Tag sollte sie mit Graf Paris verheiratet werden. Alles Bitten und Flehen, die Hochzeit wenigstens zu verschieben, waren vergeblich. Der Vater drohte sogar, die Tochter aus dem Haus zu jagen und zu enterben, sollte sie sich der Heirat widersetzen.

Julia wusste nicht mehr ein noch aus. Es gab nur einen, der ihr helfen konnte!

Am Nachmittag klopfte es ungeduldig an Pater Lorenzos Klosterzelle. Julia stürmte herein. Kaum hatte sie die Tür geschlossen, brach sie in Tränen aus. Pater Lorenzo, der schon von der geplanten Hochzeit erfahren hatte, versuchte, das völlig aufgelöste Mädchen zu beruhigen.

„Ich liebe Romeo und nur ihn allein. Niemals werde ich den Grafen heiraten. Niemals! Lieber sterbe ich", stieß Julia immer wieder hervor.

Als der Pater ihre Verzweiflung und Entschlossenheit sah, entwarf er einen waghalsigen Plan. „Hör zu. Es gibt ein Mittel, das dich für etwa zwei Tage in einen todesähnlichen Schlaf versetzt. Nimm es am Abend vor der Hochzeit. Man wird dich am nächsten Tag in der Familiengruft beisetzen und wenn du dort erwachst, ist Romeo bei dir und ihr könnt gemeinsam nach Mantua fliehen. Aber das alles ist nicht ungefährlich und ich weiß nicht, ob du es wagen willst. Vielleicht ergreift dich Furcht, wenn du auf einmal bei den Toten erwachst, oder …"

„Die Liebe wird mir die Kraft geben", erwiderte Julia unerschrocken und griff nach dem Fläschchen mit der dunklen Flüssigkeit, das der Pater aus einem kleinen Kästchen geholt hatte.

Am Hochzeitsmorgen erschütterte ein Schrei der Amme das Haus des Grafen Capulet. „Sie ist tot! Tot!", jammerte und klagte die alte Frau. Die Eltern eilten herbei und entsetzt standen sie am Bett, in dem ihre leblose Tochter lag.

Wie es Sitte war, wurde Julia noch am selben Tag in der Gruft ihrer Familie beigesetzt. Auch Romeo im fernen Mantua erfuhr von Julias Tod. Doch nicht durch den Brief, in dem Pater Lorenzo ihm den Plan mitteilte. Der Klosterbruder, der Romeo die Nachricht hatte bringen sollen, war unterwegs zu einem Kranken gerufen worden. Dieser litt an der hochansteckenden Pest und so wurde der Mönch daran gehindert, das Haus zu verlassen und weiterzureisen.

Romeo wusste nichts von Pater Lorenzos Plan, als ein Diener aus Verona ihm die fürchterliche Nachricht brachte. Er sank kreidebleich auf einen Stuhl. Regungslos saß er da, unheimlich war die Stille im Raum. Und als hätte der Diener seine Gedanken erraten, erinnerte er Romeo an den Bann: „Mein Herr, Ihr könnt nicht nach Verona. Dort wartet der Tod auf Euch!"

„Lass mich allein!", stieß Romeo mit tonloser Stimme hervor. Dem Diener war nicht wohl, aber er gehorchte. Als die Tür ins Schloss fiel, brach Romeo in heftiges Schluchzen aus. Sein ganzer Körper bebte und Schmerz und Verzweiflung, Wut und Entsetzen brachen wie ein gewaltiger Vulkan aus ihm heraus.

Immer wieder kam ihm der Satz des Dieners in den Sinn: „Dort wartet der Tod auf Euch." Der Tod, der Tod … Mit einem Mal glitzerte das Wort wie eine Hoffnungsperle.

Als der Abend hereinbrach, bestieg Romeo sein Pferd und ritt in wildem Galopp nach Verona. Im Schutze der Dunkelheit gelangte er unerkannt in die Stadt, besorgte sich eine Fackel und machte sich auf den Weg zum Friedhof. Im Handumdrehen hatte er die Tür zur Gruft der Capulets aufgebrochen. Gespenstische Stille schlug ihm entgegen, als er den Ort der Toten betrat. An den Wänden waren prunkvolle Marmorsärge aufgereiht. Zwei von ihnen waren noch nicht verschlossen. Hier lagen die kürzlich Verstorbenen. Als der Schein der Fackel das wachsbleiche Gesicht von Tybald traf, zuckte Romeo zusammen. Julias Cousin war durch seine Hand gefallen. Dann fiel sein Blick auf Julia. Es zerriss ihm fast das Herz, als er sah, wie sie regungslos dalag, der zierliche Körper umhüllt von einem weißen Gewand, als wär's ein Hochzeitskleid. Zärtlich streichelte Romeo ihre Wangen.

„Wie schön sie noch ist! Die Lippen so rot und rosig ihr Gesicht. Selbst der Tod konnte ihr nichts anhaben", murmelte er. Noch ein letztes Mal küsste er sie, zog ein Fläschchen Gift aus der Tasche und leerte es mit einem Zug. Der Todestrank tat sofort seine Wirkung.

„Wo bin ich? Wo ist Romeo?" Als Julia kurz darauf die Augen aufschlug, war sie ganz benommen. Eine Fackel flackerte unruhig und warf unheimliche Muster auf die Wände der Gruft. Vorsichtig erhob sich Julia von ihrem Totenlager und entdeckte Romeo. Ein Schrei des Entsetzens gellte durch die Gruft.

„Romeo! Romeo!" Zärtlich und verzweifelt rief sie immer wieder seinen Namen, bedeckte den leblosen Körper mit Küssen. Ihre Hand berührte etwas Kaltes: An Romeos Gürtel steckte ein Dolch. Julia erstarrte. Ein Zeichen. Ja, der Dolch! Er würde sie mit dem Geliebten wiedervereinen.

Im Morgengrauen wurde die aufgebrochene Gruft entdeckt – und darin die beiden Toten, die sich zärtlich umschlungen hielten. Wie ein Lauffeuer verbreitete sich die Nachricht in der Stadt und sowohl Romeos als auch Julias Eltern eilten zum Friedhof. Sie erfuhren von Pater Lorenzo, was geschehen war. Erschüttert standen sich die beiden verfeindeten Familien in der Gruft gegenüber. Und der Schmerz machte es möglich, dass sie sich angesichts ihrer toten Kinder die Hände reichten. Der tragische Tod der beiden Liebenden hatte endlich die Versöhnung der beiden Familien gebracht, die sich so lange unerbittlich bekämpft hatten.

„Seht, welch ein Fluch auf eurem Hasse ruht,
dass eure Freuden Liebe töten muss!"

PRINZ VON VERONA, 5. Aufzug, 3. Szene

Ein Sommernachtstraum

Märchenhafte Komödie
von den Irrungen und Wirrungen der Liebe
von William Shakespeare

Es treten auf

THESEUS, Herzog von Athen

HIPPOLYTA, Amazonenkönigin und zukünftige Gemahlin des Herzogs

HELENA – unglücklich verliebt in

DEMETRIUS – unglücklich verliebt in

HERMIA – verliebt in

LYSANDER, verliebt in Hermia

OBERON, eifersüchtiger Elfenkönig

TITANIA, stolze Elfenkönigin

PUCK, ein gewitzter Kobold

AUSSERDEM: Eine Schar Elfen und eine theaterspielende Handwerkertruppe

---

Zeit und Orte
Vor langer Zeit im alten Athen
Im Palast des Herzogs und im Wald vor den Toren der Stadt

Dem schlechtesten Ding an Art und an Gehalt,
leiht Liebe dennoch Ansehn und Gestalt.
Sie sieht mit dem Gemüt, nicht mit den Augen,
und ihr Gemüt kann nie zum Urteil taugen.

HELENA, 1. Aufzug, 1. Szene

Eine große Hochzeit stand bevor: Theseus, der Herzog von Athen, würde die stolze Amazonenkönigin Hippolyta heiraten. Am Vortag des Festes waren im Palast und in der Stadt die Vorbereitungen in vollem Gange. Ein paar Handwerksburschen wollten das Brautpaar mit der Aufführung eines Theaterspiels erfreuen: „Die höchst klägliche Komödie und der höchst grausame Tod des Pyramus und der Thisbe." Die Rollen waren verteilt und am Abend wollten sie sich zum Üben im nahen Wald treffen.

Doch nicht alle Athener waren in freudiger Feststimmung. Helena zum Beispiel, Tochter aus gutem Hause, war unglücklich verliebt in den gut aussehenden Demetrius. Der jedoch war vollkommen vernarrt in Helenas Freundin Hermia und hatte bereits um deren Hand angehalten. Doch das Herz der dunkelhaarigen Schönen schlug für den charmanten Lysander. Die beiden hätten ein glückliches Paar sein können, wäre nicht Hermias Vater dagegen gewesen. Er bestand darauf, dass seine Tochter Demetrius heiratete. Und auch das Gesetz war auf seiner Seite, wie Hermia und Lysander bei einer Audienz bei dem Herzog von Athen erfahren mussten. Würde sich Hermia dem Willen ihres Vaters widersetzen, drohte ihr die Verbannung ins Kloster oder der Tod. Ratlos und verzweifelt verließ das Liebespaar den Palast des Herzogs.

„Was sollen wir tun? Was können wir tun?" Hilfesuchend und den Tränen nahe schaute Hermia ihren Liebsten an.

„Sei unbesorgt. Wir fliehen!", beruhigte Lysander die Geliebte. „Jenseits der Stadtmauern gilt das grausame Gesetz nicht. Etwa sieben Meilen von Athen entfernt ist das Haus meiner früheren Kinderfrau. Sie liebt mich wie ihren eigenen Sohn. Bei ihr finden wir Unterschlupf und können uns vermählen. Schleiche dich also heute Nacht aus dem Haus und komme zum Wald. Dort erwarte ich dich!"

„Ich werde da sein! Ich schwöre es dir", versprach Hermia. Die beiden wollten gerade auseinandergehen, als sie Helena trafen. Die Freundin Hermias sah niedergeschlagen und traurig aus. Ihr Gesicht war blass und die langen, blonden Haare hingen ihr wirr vom Kopf. „Was ist mir dir?", erkundigte sich Hermia besorgt.

„Oh, du Glückliche!", seufzte Helena. „Dir gehört alle Gunst und alle Zuneigung von Demetrius. Ach, könnte ich ihn doch so anschauen, so anlächeln wie du!"

„Aber ich lächle ihn gar nicht an", erwiderte Hermia. „Ich schaue ihn immer missmutig an und verfluche ihn. Doch das scheint sein Gemüt nur anzufeuern. Sei guten Mutes", fuhr Hermia mit gedämpfter Stimme fort. „*Ich werd ihm mein Gesicht entziehen*", raunte sie der Freundin ins Ohr.

„Wir fliehen heute Nacht", fügte Lysander leise hinzu und dann vertrauten sie der Freundin ihren Plan an.

Doch kaum war Helena alleine, machte sie sich auf den Weg zu Demetrius. „Wenn er erfährt, was Hermia vorhat, dann wird er endlich erkennen, dass sie seiner Liebe nicht wert ist. Dann wird er sich dankbar mir zuwenden", so hoffte Helena.

✳ ✳ ✳

Als die Nacht über Athen hereinbrach, stieg eine helle Mondkugel am Himmel empor und beleuchtete den nahen Wald. In der lauen Sommernacht zirpten die Grillen und knorzige, alte Bäume warfen geheimnisvolle Schatten auf eine einsame Lichtung. Doch plötzlich erfüllten Tuscheln und Wispern und Raunen die Luft und aus dem Wald trat, mächtig und erhaben, der Elfenkönig Oberon. Wie immer begleitete ihn sein treuer Diener Puck, ein vorwitziger, pfiffiger Kobold. Kaum hatten sich Oberon und Puck auf der Lichtung niedergelassen, zog von der anderen Seite Oberons Gemahlin Titania mit ihrem Elfengefolge heran. Für gewöhnlich gingen sich die beiden aus dem Weg, denn sie waren schon seit Längerem zerstritten. Und es kam, wie es kommen musste. Kaum stand sich das Paar gegenüber, begann es zu streiten. Es ging wie eh und je um Treue und Untreue. Einer machte dem anderen Vorwürfe und Vorhaltungen.

„Ach", seufzte die Elfenkönigin schließlich, „durch unseren Streit ist die ganze Natur durcheinandergeraten."

„*So hilf dem ab! Es liegt an dir*", erwiderte Oberon. „Übergib mir dieses Menschenkind, diesen verwaisten Knaben, den du vor einiger Zeit in deine Obhut genommen hast, und alles ist wieder in Ordnung", forderte Oberon eifersüchtig.

„*Nicht um dein Königreich!*", antwortete Titania, warf stolz den Kopf in den Nacken und verließ eilig mit ihrem Gefolge die Lichtung. Oberon blieb allein zurück.

„*Du sollst aus diesem Wald nicht eher, bis du mir den Trotz gebüßt*", knurrte er ärgerlich und hatte schon einen Einfall. „Hör zu, mein guter Puck!", wandte er sich an seinen Diener. „Erinnerst du dich an jene Zauberblume, mit der man blinde Verliebtheit bewirken kann? Die sollst du mir, so schnell es geht, besorgen."

„Wie Ihr wünscht! Bin schon fort!", kicherte der kecke Kobold und war verschwunden. Oberon blieb in Gedanken versunken zurück, als plötzlich Schritte und lautes Zetern zu hören waren. Ein Fingerschnips – und der Elfenkönig war unsichtbar.

Ein junger Mann tauchte auf. Es war Demetrius, der – nachdem Helena ihm Hermias Fluchtpläne verraten hatte – sofort losgestürmt war, um die Angebetete zu suchen. Wie ein Besessener streifte er schon seit Stunden durch den nächtlichen Wald und ihm folgte die verzweifelte Helena. Sie flehte und jammerte.

„Lass mich endlich in Ruhe! Ich lieb dich nicht!", rief Demetrius zornig und beschleunigte seine Schritte. Mochte er sie noch so sehr beschimpfen und zurückweisen, Helena konnte nicht anders: Sie musste ihm folgen.

Nachdenklich blickte der Elfenkönig den beiden Menschen hinterher. „Das arme Mädchen", seufzte er voller Mitgefühl. „Jaja, man hat's nicht leicht mit der Liebe. Aber vielleicht kann ich ihr helfen!"

Ein leises Summen und Rauschen ließen die Luft erzittern – und da stand Puck. Er machte eine übertriebene Verbeugung, denn er liebte es zu scherzen. Dann hielt er dem Elfenkönig einen Zweig mit weiß schillernden Blüten unter die Nase.

Oberons Augen funkelten listig. „Ja, das ist sie! Den Saft dieser Zauberblume werde ich der schlafenden Titania auf die Augen träufeln. Wenn sie erwacht, wird sie in heißer Liebe entflammen, und zwar für das Lebewesen, das ihr als Erstes unter die Augen kommt – egal ob Mensch, ob Bär, ob Maus." Dann zupfte Oberon ein paar der Zauberblüten ab und gab sie Puck. „Da ist ein bildschönes, blondes Mädchen im Wald unterwegs. Sie folgt einem jungen Athener. Doch der stolze Kerl verschmäht ihre Liebe. *Salb ihn; doch so, dass er die Schöne erspäht, sobald er aufwacht.*"

„*Verlasst Euch, Herr, auf Eures Knechtes Treu*", versprach Puck und schon war er wieder verschwunden.

Gut gelaunt machte sich Oberon auf den Weg, um seiner Gemahlin einen Denkzettel zu verpassen. Er wusste, wohin sich Titania zur Nachtruhe gerne zurückzog. Und wie vermutet fand er sie auf der üppig grünenden Waldwiese, über der ein betörender Blütenduft lag. In einem glitzernden Blumenmeer schlummerte die ahnungslose Elfenkönigin. Vorsichtig näherte sich Oberon der Schlafenden, träufelte ihr den Blütensaft auf die Augenlider und verschwand genauso schnell und lautlos, wie er gekommen war.

Kurz darauf tauchten unweit des Schlafplatzes der Elfenkönigin zwei müde Menschengestalten auf. Lysander und Hermia, die beiden Flüchtenden, hatten sich im Wald verirrt.

„Hier *lass uns ruhen, meine Süße*, bis es Tag wird", schlug Lysander vor.

Hermia nickte und sank erschöpft auf den weichen Waldboden. Als er sich neben sie legen wollte, war sie mit einem Male wieder hellwach. „Lysander, ich flehe dich an, lege dich ein wenig weiter weg. Das gebietet der Anstand."

„Wenn du es wünschst!", seufzte Lysander und schweren Herzens suchte er sich abseits der Geliebten einen Schlafplatz. Erschöpft schliefen beide schnell ein und von hoch oben blickte der kugelrunde Mond auf die friedlich Schlummernden.

Dann war ein Schwirren und Flattern zu hören. Puck rauschte in Windeseile durch die Lüfte auf der Suche nach dem jungen Athener. Da fiel sein Blick auf den schlafenden Lysander. Aha! Endlich hatte er den gesuchten Mann gefunden! Und weil er ja nicht wissen konnte, dass mehr als ein Athener in dieser Nacht im Wald unterwegs war, träufelte er dem Falschen den Zaubersaft in die Augen.

Kaum war Puck verschwunden, überquerte Demetrius eilig die Lichtung. Er war schon wieder im Dunkel des Waldes verschwunden, als die verzweifelte Helena erschien, die ihn immer noch verfolgte. Außer Puste blieb sie stehen und hielt

Ausschau nach Demetrius. Doch was war das? Nicht weit entfernt lag eine reglose Gestalt auf dem Waldboden. Als Helena näher kam, erkannte sie Lysander – und erschrak. Schlief er oder war er tot? Vorsichtig rüttelte sie ihn an den Schultern. Er erwachte, sah Helena – und die Zauberblume tat ihre Wirkung. „Helena, wunderschöne Helena!", stammelte er verzückt und konnte den Blick nicht von ihr abwenden.

Die Angesprochene wusste nicht, wie ihr geschah. „Als hätte ich nicht genug Kummer und Leid", schimpfte sie. „Da verhöhnst du mich auch noch!" Ärgerlich drehte sie sich um und lief in den Wald hinein. Und Lysander eilte ihr liebestoll hinterher.

Der Lärm hatte die etwas abseits schlafende Hermia geweckt. „Lysander?", rief sie in die nächtliche Stille. Niemand antwortete. Außerdem war es stockfinster, denn der Mond hatte sich gerade hinter einer großen Wolke versteckt. Hermia machte sich auf die Suche, tappte ein paar Schritte nach vorne, zur einen Seite, zur anderen. Von Lysander keine Spur. Sie war allein, mutterseelenallein in diesem dunklen Wald. Sie schauderte. Warum war Lysander nicht mehr da? Was war geschehen? Mit klopfendem Herzen machte sie sich auf die Suche nach dem Geliebten und geriet immer tiefer in den Wald hinein.

Auf dem Rückweg zu seinem Herrn war Puck auf die Handwerkertruppe gestoßen, die im Wald ihr Theaterstück probte. Aus den Wipfeln eines Baumes schaute er den Burschen eine Weile zu, dann packte ihn der Übermut. Als sich der vorlaute Weber Zettel direkt unter ihm befand, murmelte der Kobold einen Zauberspruch und im nächsten Augenblick hatte der Handwerksbursche einen Eselskopf.

„*Gott behüte dich! Du bist verwandelt!*", riefen die anderen und flohen.

Der einfältige Weber hielt's für einen Spaß der Kollegen. „Oh ho, i-ja, *sie wollen einen Esel aus mir machen!*", lachte er, grölte weiter sein fröhliches I-ja und tappte ungelenk den anderen hinterher. Doch er verirrte sich und kam zu der Waldwiese, auf der die Elfenkönigin schlummerte. Seine lauten Rufe weckten die Schlafende und als Titania die Augen aufschlug, erblickte sie den plumpen, eselsköpfigen Mann, der neugierig neben ihr stand. Die Zauberblume wirkte – und Titania entbrannte in heißer Liebe zu ihm.

„Welch wunderbarer Gesang!", rief sie entzückt. „Oh bitte, singt weiter!" Sie warf dem Eselskopf schmachtende Blicke zu. „Wie reizend ist er doch anzusehen. Husch, husch, meine Elfen, seid diesem holden Wesen zu Diensten. Umsorgt ihn. Bringt ihm edle Speisen!"

Der Handwerksbursche ließ sich zufrieden neben Titania ins Gras plumpsen, genoss ihr reizendes Liebesgeflüster und die dienstbaren Elfen, die ihn umsorgten. Puck, der alles von einem Versteck aus beobachtet hatte, rieb sich vergnügt die Hände. Ein gelungener Schabernack! Davon musste er sofort seinem Herrn berichten.

Und Oberon war begeistert. „Das geht ja über meine Erwartungen hinaus!", jubelte er. „Doch pst! Wer kommt da?"

Menschenstimmen näherten sich. Es war die aufgebrachte Hermia, die statt ihrem geliebten Lysander den umherirrenden Demetrius getroffen hatte. Doch was machte der mitten in der Nacht im Wald? Bestimmt hatte er etwas mit dem Verschwinden von Lysander zu tun. „Gib's endlich zu: Du hast ihm etwas angetan", rief Hermia wütend, „hast ihn umgebracht. Ermordet."

„Bei Gott, mit so etwas hab ich nichts zu tun", erwiderte Demetrius entsetzt.

„Egal, was passiert ist. Ich muss Lysander finden und ich werde ihn finden!", rief Hermia verzweifelt und eilte weiter.

Demetrius schaute ihr sehnsüchtig nach. „*Ihr folgen ist vergebliches Bemühn*", murmelte er niedergeschlagen, legte sich erschöpft auf den Waldboden und schlief ein.

Ein Fingerschnips – und Oberon und Puck standen neben dem Schlafenden. „Sag, hast du diesem Athener nicht wie befohlen den Zaubersaft gegeben?", erkundigte sich Oberon und warf dem Kobold einen mahnenden Blick zu.

„Tja, so kann's geschehen!", antwortete Puck und kicherte. „Hab wohl den Falschen erwischt."

„Hol mir rasch das richtige Mädchen", befahl der Elfenkönig ungehalten. „Ich werde inzwischen dem Jüngling hier den Liebessaft auf die Augen träufeln."

Es dauerte nicht lange und Puck hatte die unglückliche Helena zu Oberon gelockt. Doch die junge Frau war nicht allein. Der liebestolle Lysander war ihr noch immer auf den Fersen und überschüttete sie mit Liebesschwüren. „Ich war verblendet, Helena!", flehte er und stellte sich ihr in den Weg. „Allerschönste Helena, dich, nur dich allein liebe ich!"

„Gemeiner Lügner. Du bist nichts als ein gemeiner Lügner, der mir etwas vorgaukelt!", rief Helena aufgebracht. „Noch bis vor Kurzem warst du über beide Ohren in meine Freundin Hermia verliebt. Und plötzlich dieser Sinnenwandel? Niemals!", Helena schüttelte energisch den Kopf, sodass ihre blonden Locken auf- und abwippten.

„Helena!", ertönte mit einem Mal eine schwärmerische Stimme aus der Dunkelheit. „Schöne, geliebte Helena!"

Demetrius war von dem Lärm erwacht und kaum hatte er Helena erblickt, tat der Zauber des Elfenkönigs seine Wirkung. Nun wetteiferten zwei junge Männer um Helenas Gunst und überschütteten sie mit Liebesschwüren.

„Ihr macht euch einen Spaß daraus, mich zu quälen!", rief Helena verzweifelt.

Da schallte ein freudiger Ruf über die Lichtung. „Lysander! Da bist du ja!" Überglücklich lief Hermia auf den Geliebten zu.

Doch der wies sie barsch zurück. „Ich will nichts mehr mit dir zu tun haben. Alle meine Liebe gehört nur ihr." Mit schwärmerisch verklärten Augen schaute er zu Helena. Die starrte fassungslos in die Runde. Das war ein abgekartetes Spiel! Sogar die Freundin hatte sich gegen sie verschworen.

„Wie heuchlerisch! Wie gemein!", stieß sie hervor. „Du, die du mir einst Freundin warst, machst dieses böse, gemeine Spiel der Männer mit?"

Nun war die Verwirrung komplett und ein heftiger Streit entbrannte. Die Männer forderten sich zum Zweikampf heraus und die einstigen Freundinnen beschimpften sich auf das Heftigste. Hermias Empörung und Schmerz waren so groß, dass sie sogar zornig auf Helena losging. Die ergriff die Flucht und Hermia folgte ihr wutentbrannt. Es war höchste Zeit, dass der Elfenkönig eingriff. Er schickte seinen Kobold los, um die Streithähne auseinanderzubringen. „Umhülle sie mit dichtem Nebel *und locke sie auf falsche Weg und Stege, damit sie nicht sich kommen ins Gehege,* und nimm den Zauber von Lysander, damit seine Liebe wieder, wie zuvor, der reizenden, kleinen Hermia gehört."

„Nun, wie Ihr wünscht!", seufzte Puck wehmütig, denn die Verwirrungen und Zänkereien waren ganz nach seinem Geschmack. Doch er tat, was sein Herr ihm befohlen hatte. Geschickt lockte er die kampfeslustigen Männer immer wieder in entgegengesetzte Richtungen, bis sie so müde waren, dass sie sich auf dem Waldboden zum Schlafen niederlegten. Dann beugte sich Puck über den schlafenden Lysander und murmelte einen magischen Spruch, der den Liebeszauber auflöste. Anschließend machte sich der Kobold auf die Suche nach Helena und Hermia. Auch sie, vom Herumirren müde geworden, hatten sich bereits schlafen gelegt. Endlich war wieder Ruhe in den nächtlichen Wald eingekehrt.

„Höchste Zeit, dass ich meiner Gemahlin und ihrem Esel einen Besuch abstatte", frohlockte Oberon und machte sich mit Puck auf den Weg zu der Wiese. Da lag die

schöne Elfenkönigin und schmiegte sich zärtlich an den struppigen, grauen Eselskopf, den die Elfen mit bunten Blütenkränzen geschmückt hatten. Als der Elfenkönig das ungleiche Paar erblickte, ergriff ihn Mitleid.

„Genug der Possen. Ich will ihr verzeihen und sie von dieser hässlichen Verblen-
dung befreien." Oberon sprach einen Zauberspruch und die Elfenkönigin erwachte.

Entsetzt starrte sie auf die unförmige Gestalt mit dem Eselskopf. „Was ist das?",
rief sie angewidert. Oberon gab Puck ein Zeichen und der Kobold verwandelte
den verzauberten Menschen mit magischen Worten wieder in seine alte Gestalt
zurück.

Als der Handwerksbursche erwachte, schaute er sich verwirrt um. Aber er konnte
niemanden sehen, denn die Elfen hatten sich unsichtbar gemacht. „Wo ist sie denn,
meine Schöne?", murmelte er schlaftrunken, stand auf und stolperte davon. Dann
reichte Oberon seiner Gemahlin zur Versöhnung die Hand und Titania willigte ein.

„Musik! Lasst uns feiern!", rief der Elfenkönig fröhlich. Aber dann hielt er inne.
Das erste Zwitschern der Vögel war zu hören und der Himmel war in Morgenröte
getaucht.

„Zeit für uns zu verschwinden!", mahnte Puck.

„Wie schade!", seufzte Titania.

„Jammerschade!", riefen die Elfen im Chor.

„Wir tanzen morgen beim großen Hochzeitsfest des Theseus", versprach Oberon.
Ein vielfaches Fingerschnipsen erfüllte die Luft und schon war die zauberhafte Gesellschaft nicht mehr zu sehen.

Bald darauf ertönten in der Ferne Jagdhörner. Theseus, der Herzog von Athen, und seine zukünftige Gemahlin zogen zur Jagd in den Wald. Es dauerte nicht lange und die Jagdgesellschaft hatte sie gefunden: erst Hermia und Helena, dann Demetrius und Lysander.

„Was hat das zu bedeuten?", erkundigte sich der Herrscher, der nicht weniger überrascht war als die vier jungen Leute, die sich nun plötzlich gegenüberstanden. Der vom Zauber befreite Lysander ging auf Hermia zu, schaute sie so verliebt an wie zuvor – und Hermia war überglücklich.

Demetrius näherte sich Helena. Zärtlich nahm er ihre Hand und erklärte ihr seine Liebe. „Mein Werben um Hermia war ein Trugschluss", gestand er. „Denn schon seit Kindertagen gehört meine ganze Zuneigung dir. Und nur dir, Helena, will ich von nun an treu sein." Helena konnte ihr Glück nicht fassen.

„Wie wunderbar!", rief der Herzog, als er die beiden Paare so glücklich vereint sah. „Lasst uns heute Abend zusammen Hochzeit feiern."

✳ ✳ ✳

Es wurde ein rauschendes Fest, bei dem die Handwerkertruppe zum Vergnügen aller ihr Theaterstück aufführte. Als sich die Menschengesellschaft dann um Mitternacht zurückzog, tauchten die Elfen auf. Ausgelassen sangen, tanzten und wirbelten

Oberon, Titania und ihr Gefolge durch den Palast, bis der Tag heraufdämmerte. Und ehe man sich's versah, waren sie – husch, husch – verschwunden... als wär's nur ein Spuk... ein Traum... ein Sommernachtstraum gewesen!

„Hans nimmt sein Gretchen,
jeder sein Mädchen;
findet seinen Deckel jeder Topf,
und allen geht's nach ihrem Kopf."

PUCK, 3. Aufzug, 2. Szene

Was nie die kühlere Vernunft begreift,
wahnwitzige Poeten und Verliebte
bestehn aus Einbildung.

THESEUS, 5. Aufzug, 1. Szene

GLOSSAR
Zu den Autoren und den Stücken

Büchner, Georg

17. Oktober 1813 in Goddelau bei Darmstadt – 19. Februar 1837 in Zürich

studierte Medizin, machte naturwissenschaftliche Forschungen, trat schon früh für politische Freiheiten in Deutschland ein und schrieb vor allem Theaterstücke mit gesellschaftskritischen Themen. Sein Lustspiel „*Leonce und Lena*" fällt scheinbar aus dem Rahmen. Auf den ersten Blick wirkt es romantisch und märchenhaft, doch dahinter versteckt sich Satire und Kritik. Georg Büchner schrieb es für einen Lustspiel-Wettbewerb der Cotta'schen Buchhandlung. Doch das Manuskript traf zu spät ein und er erhielt die Sendung ungeöffnet zurück. Das Original ging verloren, wurde jedoch nach Teilabdrucken in einer Zeitschrift und nachgelassenen Entwürfen 1838 erstmals gedruckt, aber erst Jahrzehnte später am 31.5.1895 in München uraufgeführt.

Goethe, Johann Wolfgang

28. August 1749 in Frankfurt/Main – 22. März 1832 in Weimar

einer der bedeutendsten deutschen Schriftsteller, der neben Gedichten, Theaterstücken und Romanen auch naturwissenschaftliche und kunsttheoretische Abhandlungen schrieb. „*Faust*" ist sein berühmtestes und meistzitiertes Bühnenstück. Viele Jahre beschäftigte sich Goethe mit dem Faust-Stoff. Die Geschichte des Dr. Johann Faustus, der sich der schwarzen Magie verschrieben hatte und mit dem Teufel im Bunde stand, war bereits im Mittelalter bekannt und wurde immer wieder bearbeitet. Als Puppenspiel aufgeführt, lernte Goethe die Geschichte schon als Kind kennen – und sie beschäftigte ihn lebenslang. Der erste Teil der Tragödie, der auch in diesem Buch nacherzählt wird, erschien erstmals 1808, Teil II 1832. Die Uraufführung von „Faust I" fand am 19.1.1829 im Nationaltheater Braunschweig statt. Heute gilt „Faust" als das meistbesuchte Theaterstück an deutschsprachigen Bühnen.

Hofmannsthal, Hugo von

1. Februar 1874 in Wien – 15. Juli 1929 in Wien

studierte Französische Philologie, reiste viel und schrieb vor allem Gedichte, Erzählungen, Opernlibretti und eine Vielzahl von Theaterstücken. Acht Jahre lang (von 1903 bis 1911) arbeitete er an *„Jedermann"*, seinem heute populärsten Bühnenstück. Als es am 1.12.1911 vor rund 5000 Zuschauern im Zirkus Schumann in Berlin uraufgeführt wurde, fand es nur geteilten Beifall. Berühmt wurde das Stück, als es 1920 zur Eröffnung der Salzburger Festspiele auf dem Domplatz der Stadt aufgeführt wurde. Bis heute wird es dort alljährlich gezeigt – und ist ein viel besuchtes Freiluftspektakel. Die Parabel von der Hinfälligkeit aller irdischen Güter – vom reichen, geizigen Mann und dem Tod – reicht weit zurück ins Mittelalter. Bei seiner Bearbeitung des Stoffes stützte sich Hofmannsthal auf eine anonyme englische Fassung aus dem 16. Jahrhundert und eine Komödie von Hans Sachs von 1549.

Kleist, Heinrich von (eigentlich: Bernd Heinrich Wilhelm von Kleist)

18. Oktober 1777 in Frankfurt/Oder – 21. November 1811 in Berlin (Selbstmord am Wannsee)

Er führte ein Leben voller Unrast und erprobte sich in den verschiedensten Bereichen – meist ohne großen Erfolg. Nachdem er sein Studium abgebrochen hatte, schrieb er Erzählungen, Gedichte, Dramen und war auch als Publizist tätig. Angeregt durch einen Kupferstich, den er bei einem Aufenthalt in der Schweiz gesehen hatte und der eine bäuerliche Gerichtsverhandlung zeigte, schrieb er (1803–1806) ein Lustspiel, dem er den Titel des Kupferstiches gab: *„Der zerbrochene Krug"*. Als Goethe das Stück 1808 im Hoftheater Weimar erstmals aufführte, fiel es beim Publikum durch. Heute ist es eine viel gespielte Komödie.

Lessing, Gotthold Ephraim

22. Januar 1729 in Kamenz – 15. Februar 1781 in Braunschweig

studierte Theologie, Medizin, Philosophie und Literaturwissenschaften und interessierte sich schon früh für das Theater. Die als „Ringparabel" bekannt gewordene Schlüsselszene aus seinem Theaterstück „*Nathan der Weise*" wird immer wieder zitiert, wenn es um das Thema Religionstoleranz geht. Die Geschichte von den drei ununterscheidbaren Ringen geht auf die Zeit um 1100 zurück und wurde wahrscheinlich von sephardischen Juden in Spanien erfunden. Lessing kannte die Geschichte aus einer Novelle des italienischen Dichters Boccaccio, dem „Decamerone". Veröffentlicht wurde Lessings Theaterstück 1779. Die Uraufführung am 14.4.1783 hat er nicht mehr erlebt.

Molière, Jean-Baptiste (eigentlich: Jean-Baptiste Poquelin)

15. Januar 1622 in Paris – 17. Februar 1673 in Paris

studierte erst Jura, wurde dann königlicher Kammerdiener und schließlich Schauspieler, Dichter und Theaterleiter einer fahrenden Schauspieltruppe. Nach Jahren des Tingelns stellte der französische Sonnenkönig Ludwig XIV. Molière und seine Truppe fest an. Sie erhielten sogar ein eigenes Theater, das Palais Royal in Paris. Dort wurde auch die Charakterkomödie „*Der eingebildete Kranke*" am 10.2.1673 uraufgeführt. Es wurde eines der berühmtesten Theaterstücke Molières und es ist sein letztes. Er selber spielte die Titelrolle und bei der vierten Vorstellung am 17. Februar 1673 brach er während der Aufführung zusammen und starb, noch im Kostüm des „eingebildeten Kranken", wenige Stunden später.

Schiller, Friedrich

10. November 1759 in Marbach – 9. Mai 1805 in Weimar

Nach der Schule schlug er eine militärische Laufbahn ein, die er aber bald abbrach. Er beschäftige sich mit dem Theater und dem oppositionellen Gedankengut des „Sturm und Drang". Seine ablehnende Haltung gegenüber der damaligen Gesellschaft und der absolutistischen Herrschaft verarbeitete er in seinem ersten Theaterstück „*Die Räuber*", das er schrieb, als er gerade mal 20 Jahre war. Wegen der offen formulierten Kritik konnte das Stück 1781 nur anonym erscheinen. Und nur weil der Mannheimer Theaterdirektor es zu einem Ritterstück umgearbeitet hatte, wurde es am 13.1.1782 im Nationaltheater Mannheim uraufgeführt. Inspiriert wurde der junge Schiller für seinen Erstling unter anderem von der Erzählung „Zur Geschichte des menschlichen Herzens" des Dichters Chr. Schubart von 1775 und dem „ehrwürdigen Räuber Roque" aus Cervantes „Don Quijote".

Shakespeare, William

23. April 1564 (?) in Stratford-upon-Avon – 23. April 1616 Stratford-upon-Avon

Über Shakespeares Leben und seine Person ist nur wenig bekannt und immer wieder wird spekuliert, wer sich hinter dem Namen verbirgt. Möglicherweise ein Adliger, der unter diesem Pseydonym die genialen Theaterstücke schrieb. Gewiss ist, dass er einer der wichtigsten Theaterautoren ist, dessen Stücke wegweisend waren und sind und bis heute viel gespielt werden.

„Romeo und Julia" ist eine der bekanntesten Liebesgeschichten des Theaters. Es basiert auf einer italienischen Novelle, die sich wiederum ein englischer Dichter zum Vorbild nahm für sein Gedicht „Die tragische Geschichte von Romeo und Julia" (1562). Dieses arbeitete Shakespeare zu einem Bühnenstück aus, das vermutlich 1595 zum ersten Mal aufgeführt wurde und sofort ein Erfolg war. In Deutschland war das Stück 1626 zum ersten Mal zu sehen, aufgeführt von einer englischen Wandertheatergruppe. Etwa zur gleichen Zeit wie die Liebestragödie „Romeo und Julia" entstand auch die Komödie *„Ein Sommernachtstraum"*, uraufgeführt vor 1600. Viel Zeit verging bis zur deutschen Erstaufführung am 14.10.1843 im Königlichen Schauspielhaus in Berlin.

QUELLEN

Georg Büchner
„Dichtungen", Verlag Philipp Reclam jun. Leipzig 1990

Johann Wolfgang Goethe
„Faust – Der Tragödie erster Teil", Philipp Reclam jun. Stuttgart,
Universal Bibliothek Nr. 1/1a, 1971

Johann Wolfgang Goethe
„Faust. Der Tragödie erster und zweiter Teil. Urfaust",
Verlag C. H. Beck, München 1991

Hugo von Hofmannsthal
„Jedermann", S. Fischer Verlag, Frankfurt 1966

Heinrich von Kleist
„Der zerbrochene Krug" in „Werke in zwei Bänden", Erster Band.
Die Bibliothek deutscher Klassiker, Carl Hanser Verlag, München 1982

Gotthold Ephraim Lessing
„Nathan der Weise", Philipp Reclam jun. Stuttgart,
Universal Bibliothek Nr. 3, 1975

Molière
„Der eingebildete Kranke", Philipp Reclam jun. Stuttgart,
Universal Bibliothek Nr. 1177, 1990

Friedrich Schiller
„Die Räuber" in „Sämtliche Werke", Band I,
Deutscher Taschenbuch Verlag, München 2004

William Shakespeare

„Romeo und Julia", Philipp Reclam jun. Stuttgart,
Universal Bibliothek Nr. 5, 2002

William Shakespeare

„Ein Sommernachtstraum", Philipp Reclam jun. Stuttgart,
Universal Bibliothek Nr. 73, 1979

Die Nacherzählungen folgen den angegebenen Quellen. Sie erheben keinen Anspruch auf eine lückenlose Wiedergabe des Handlungsverlaufs der Originaltexte, entsprechen aber den inhaltlichen Kernaussagen der Stücke. Bei den kursiv gesetzten Textpassagen handelt es sich um Originalzitate; alle Texte entsprechen den Regeln der neuen Rechtschreibung.

Gesamtgestaltung: Weiß-Freiburg GmbH – Graphik & Buchgestaltung
Herstellung: Himmer, Augsburg

Printed in Germany

ISBN 978-3-451-70427-7

Das große Shakespeare-Buch
in der Übersetzung von Mirjam Pressler

Matthews, Andrew
Die schönsten Shakespeare Geschichten
ISBN 978–3–451–70713–1

HERDER